Gerald Hüther
Kommunale Intelligenz

Gerald Hüther

Kommunale Intelligenz

Potenzialentfaltung
in Städten und Gemeinden

Mehr Bäume.
Weniger CO₂.
www.cpibooks.de/klimaneutral

MIX
Papier aus verantwor-
tungsvollen Quellen
FSC® C083411

Bibliografische Information der Deutschen Nationalbibliothek

Die Deutsche Nationalbibliothek verzeichnet diese Publikation in
der Deutschen Nationalbibliografie; detaillierte bibliografische Daten
sind im Internet unter http://dnb.d-nb.de abrufbar.

© edition Körber-Stiftung, Hamburg 2013

Umschlag: Groothuis, Lohfert, Consorten | glcons.de
Cover: Andy Baker / Getty Images
Herstellung: Das Herstellungsbüro, Hamburg | buch-
herstellungsbuero.de
Druck und Bindung: CPI – Clausen & Bosse, Leck
Printed in Germany

ISBN 978-3-89684-098-1
Alle Rechte vorbehalten

www.edition-koerber-stiftung.de

Inhalt

Es geht nur gemeinsam
Auf dem Weg zu einer neuen Beziehungskultur

Nicht nur die Wirtschaft, auch Städte und Gemeinden erleben gegenwärtig, dass man in einer Welt begrenzter Ressourcen nicht unbegrenzt weiter wachsen kann.

Albert Einstein hatte zwar schon vor längerer Zeit darauf hingewiesen, dass sich die Probleme, die wir mit bestimmten Strategien und Denkmustern erzeugt haben, nicht mit denselben Denk- und Vorgehensweisen beheben lassen.

Dennoch lautet die vorherrschende Devise zur Bekämpfung der inzwischen auf allen Ebenen unserer gesellschaftlichen Entwicklung zutage tretenden Schwierigkeiten: noch mehr vom Alten. Noch mehr Vorschriften, noch mehr Kontrolle, noch mehr Einsparungen bei gleichzeitiger Forderung nach noch mehr Wachstum. So werden sich die Probleme unseres Bildungs- und Gesundheitssystems, unserer sozialen Absicherung, unseres Finanzwesens und Politikbetriebs nicht beheben lassen. In diesem Malstrom ständig wachsender und immer neuer ökonomischer und sozialer Probleme und den daraus resultierenden Einsparungs- und Effizienzverbesserungsentwürfen laufen vor allem unsere Kommunen – unsere Städte, Dörfer und Gemeinden – zunehmend Gefahr, ihre Eigenständigkeit zu verlieren und das, was sie leisten sollten, nicht mehr leisten zu können. Vor allem die kleineren Kommunen außerhalb der industriellen Zentren geraten zwangsläufig unter immer stärkeren finanziellen Druck, und vor allem die jüngeren Bürger wandern ab, um Arbeit und Glück woanders zu finden, während zu Hause Schulen und Kindergärten schließen, Vereine an Nachwuchsmangel zugrunde gehen und die medizinische Versorgung immer weiter ausgedünnt wird. Es bleiben die Älteren, für die sich das Leben immer schwieriger gestaltet. Eine Lösung für all diese Probleme ist nicht in Sicht. Das Umdenken fällt uns offenbar schwerer, als Albert Einstein das gehofft hat.

Dieses Umdenken aber beginnt im Kopf. Und in der Tat hat unser Gehirn längst eine Lösung gefunden, um trotz des durch die Schädeldecke begrenzten Wachstums dennoch weiter wachsen und sich zeitlebens weiterentwickeln zu können: nicht durch Vermehrung der Anzahl an Nervenzellen, sondern durch Intensivierung, Ausweitung und Verbesserung ihrer Verknüpfungen, also durch fortwährende Optimierung der Beziehungen zwischen den Nervenzellen.

Auf Kommunen übertragen heißt das: Weiterentwicklung und damit auch echtes Wachstum sind zu jedem Zeitpunkt kommunaler Entwicklung möglich. Aber nicht durch mehr Einwohner, mehr Gewerbetreibende, mehr Kinder oder gar mehr Geld, sondern durch eine günstigere Art des Umgangs miteinander: durch intensivere, einander unterstützende, einander einladende, ermutigende und inspirierende Beziehungen aller in einer Gemeinde oder einer Stadt lebenden Bürger.

Was Kommunen also brauchen, um zukunftsfähig zu sein, wäre eine andere, eine für die Entfaltung der in ihren Bürgern angelegten Potenziale und der in der Kommune vorhandenen Möglichkeiten günstigere Beziehungskultur. Eine Kultur, in der jeder Einzelne spürt, dass er gebraucht wird, dass alle miteinander verbunden sind, voneinander lernen und miteinander wachsen können.

Eine solche Beziehungskultur ist die Grundlage für die Herausbildung individualisierter Gemeinschaften. Über Jahrhunderte hinweg bildete die Familie die Keimzelle solcher Gemeinschaften. Mit dem Zerfall der traditionellen Familienstrukturen, insbesondere der dafür typischen Großfamilien, sind auch die bisher dort herrschenden sozialen Erfahrungsräume verloren gegangen.

Vor allem für Heranwachsende wird es deshalb gegenwärtig immer schwerer, die wichtige Erfahrung zu machen, dass sie mit ihren besonderen Begabungen, mit ihrem jeweiligen Wissen und ihren individuell erworbenen Fähigkeiten für die Sicherung des Fortbestandes und die Weiterentwicklung der gesamten Gemeinschaft gebraucht werden. Wenn Familien solche Erfahrungsräume nicht mehr bieten können, müssten sie von jenen Gemeinschaften übernommen werden, in die die Familien eingebettet sind, also von den jeweiligen Kommunen, in die die Kinder und Jugendlichen hineinwachsen.

Damit wächst unseren Kommunen eine Aufgabe zu, für die sie sich bisher bestenfalls am Rande zuständig fühlten.

Dieses Buch erklärt, weshalb Menschen die in ihnen angelegten Potenziale nur innerhalb einer Gemeinschaft entfalten können, der sie sich zugehörig, in der sie sich geborgen und sicher fühlen. Es ergründet dabei, welche bisher brachliegenden Potenziale eine Gemeinschaft zur Entfaltung bringen kann, wenn es ihren Mitgliedern gelingt, eine derartige Beziehungskultur aufzubauen.

Ein Blick auf die kommunale Praxis zeigt, was die Herausbildung solcher »Potenzialentfaltungsgemeinschaften« bisher verhindert hat und wie diese Begrenzungen überwunden werden können.

Dieses Buch versteht sich auch als Ermutigung, denn einige der bereits in verschiedenen Kommunen verfolgten Ansätze machen deutlich, wie ein solcher Kulturwandel gelingen kann.

Kommunale Intelligenz zu entfalten heißt nichts weniger, als gemeinsam über sich hinauszuwachsen.

I. Weshalb wir Kommunen brauchen
Erfahrungsräume für den Erwerb sozialer Kompetenzen und die Herausbildung von Gemeinsinn

Man muss nicht Hirnforscher sein, um zu begreifen, dass der Mensch als Einzelwesen gar nicht existiert. Wir sind alle erst zu dem geworden, was wir heute sind, weil es andere Menschen gab, die uns dabei geholfen haben, die uns gezeigt haben, worauf es im Leben ankommt. Ohne diese Anderen könnten wir nichts von all dem, was wir heute wie selbstverständlich tun. Sprechen, zum Beispiel, Schreiben und Lesen. Noch nicht einmal auf zwei Beinen zu gehen hätten wir allein, ohne das Vorbild, die Hilfe und Unterstützung anderer Menschen, gelernt. Und wir wüssten auch nichts von all dem, was jeder von uns heute weiß, wenn uns dieses Wissen nicht von anderen zur Verfügung gestellt worden wäre. Wir sind in viel stärkerem Maße, als wir das vor uns selbst zuzugeben bereit sind, soziale Wesen – angewiesen auf andere und geformt durch andere. Vielleicht weniger spürbar auf der Ebene unserer individuellen körperlichen Merkmale, aber unübersehbar und nicht zu verleugnen auf der Ebene der inneren Struktur und Organisation des Organs, das uns am stärksten von den Tieren, auch von unseren nächsten Verwandten, unterscheidet: unserem zeitlebens lernfähigen Gehirn. Und was man eben auf den ersten Blick nicht so ohne Weiteres sehen kann, was aber die Hirnforscher in den letzten Jahren als wichtigste Erkenntnis in all ihren Untersuchungen immer wieder zutage gefördert haben: Unser Gehirn ist ein sozial geformtes Konstrukt. Die dort entwickelten neuronalen Netzwerke und synaptischen Verschaltungsmuster sind in dieser jeweils individuell besonderen Weise nur deshalb entstanden, weil es andere Menschen gab, mit denen wir in Beziehung getreten sind, und weil die dabei gemachten Beziehungserfahrungen in Form bestimmter neuronaler und synaptischer Beziehungsmuster in unserem Gehirn verankert worden sind. Besonders prägend waren dabei all jene sozialen Erfahrungen, die wir in einer engen emotionalen Beziehung zu anderen Menschen gemacht haben.

Und eine enge emotionale Beziehung haben wir zu all jenen Menschen entwickelt, unter deren Obhut wir aufgewachsen sind, mit denen wir zusammen in einer Gemeinschaft gelebt haben beziehungsweise leben, mit denen wir uns verbunden fühlen, die wir brauchen und die uns brauchen, um uns als das zu begreifen, was wir sind: jemand, der irgendwie wertvoll und bedeutsam ist, und sei es nur dadurch, dass es ihn gibt.

Eine Gemeinschaft, die es dem Einzelnen ermöglicht, sich als wichtiges und wertvolles Mitglied dieser Gemeinschaft zu erleben, ist eine Kommune. Ein zusammengewürfelter Haufen, eine zufällig entstandene und nicht durch ein emotionales Band zusammengehaltene Gruppe, eine durch Not, unter Zwang oder zur Verfolgung bestimmter Zwecke miteinander verbundene Gruppierung von Menschen ist dagegen keine Gemeinschaft. Die kleinste Existenzform einer emotional verbundenen Gemeinschaft, also einer Kommune, ist die Familie; über Jahrhunderte hinweg war es die Sippe. Blut ist dicker als Tinte, sagt man noch heute und meint damit die zusammenhaltende Kraft verwandtschaftlicher Beziehungen, die zwar in vielen Familienverbänden noch immer spürbar ist, sich aber seit einigen Generationen zunehmend auflöst.

Solche starken Familienverbände haben irgendwann einmal begonnen, Wälder zu roden, ein Stück Land für ihre Haustiere und Nutzpflanzen zu bewirtschaften und Siedlungen zu gründen. Aus diesen Siedlungen sind später die Dörfer, Städte und Gemeinden geworden, die wir heute Kommunen nennen. Auch hier hat das emotionale Band, das die Mitglieder dieser dörflichen oder städtischen Kommunen zusammenhält, stark zu erodieren begonnen.

Aber nach wie vor bietet die Familie und die Gemeinschaft, in die jede Familie eingebettet ist, also die Kommune, einen spezifischen Erfahrungsraum für ihre Mitglieder und ganz besonders für die in diese jeweiligen Gemeinschaften hineinwachsenden Kinder. Die Schule ist ein Erfahrungsraum, in dem Kinder lernen sollen, was dort gelehrt wird. Betriebe und Organisationen sind Erfahrungsräume, in denen Menschen bestimmte Aufgaben erfüllen sollen. Die Kommune ist schließlich der Ort, an dem Heranwachsende lernen, worauf es im Leben ankommt, wie man gemeinsam mit allen anderen sein Leben gestaltet und wie man seinen Teil der Verantwortung für dieses Zusammenleben übernimmt. Insofern ist und bleibt die Kommune der entscheidende und komplexeste Erfahrungsraum, in dem das soziale Leben eingeübt werden kann.

Wenn Kommunen oder ihre kleineren Einheiten, die Familien, aufhören, diesen sozialen Lernraum bewusst zu gestalten, verliert die betreffende Gemeinschaft das psychoemotionale Band, das ihre Mitglieder zusammenhält. Solche Gesellschaften beginnen dann gewissermaßen von innen heraus zu zerfallen.

Dieser Zerfallsprozess vollzieht sich schleichend und unsichtbar in den Köpfen der heranwachsenden Mitglieder und tritt auch nach deren Erwachsenwerden nicht offen zutage. Er beginnt in den Familien und breitet sich auf die Kommunen aus, in denen diese Familien leben. Er äußert sich in Verhaltensweisen, die nicht mehr am Wohl und Wehe der jeweiligen Gemeinschaft orientiert sind, sondern nur noch eigene Interessen und Ziele verfolgen. Die transgenerationale Weitergabe von Erfahrungen gelingt dort immer schlechter, positive gemeinsame Erfahrungen werden immer seltener gemacht. Und in Ermangelung solcher Erfahrungen können in den Gehirnen der Mitglieder solcher Gemeinschaften auch all jene inneren Einstellungen und Haltungen nicht mehr im Frontalhirn verankert werden, die als entscheidende Voraussetzung für ein konstruktives Zusammenleben innerhalb einer Kommune gebraucht werden.

Das, worauf es im Leben ankommt, lässt sich nicht unterrichten

Das Gehirn lernt immer, heißt die zentrale Botschaft der Hirnforscher. Jeden Tag machen wir neue Lernerfahrungen, und alles, was einem Menschen wichtig ist und ihm irgendwie unter die Haut geht, wird auch in Form neu gebildeter neuronaler Vernetzungsstrukturen im Gehirn verankert. Und das geschieht keinesfalls nur in der Schule, sondern ein Leben lang. Denn das Leben selbst, sagen uns die Forscher, ist ein erkenntnisgewinnender Prozess.

Und im Verlauf dieses Prozesses lernt jeder Mensch, sich in der jeweiligen Lebenswelt, in die er hineinwächst, zurechtzufinden. Dabei lernt er nicht nur immer besser zu erkennen, was für ihn wichtig ist, wie sich Herausforderungen meistern und Probleme lösen lassen. Indem er seine jeweilige Lebenswelt immer besser kennenlernt und dabei immer wieder neue Erfahrungen macht, lernt jeder Mensch auch sich selbst immer besser kennen. Er gelangt zu gewissen Einsichten über für ihn relevante Zusammenhänge und sammelt wichtige Erfahrungen über seine eigenen Möglichkeiten und vor allem auch über bestimmte Grenzen bei der Gestaltung seiner jeweiligen Lebenswelt. Zwangsläufig eignet er sich dabei all jene Kenntnisse an und erwirbt all jene Fähigkeiten, die sich für seine eigene Lebensbewältigung als hilfreich erweisen oder die ihm dafür als irgendwie nützlich erscheinen. Weil das, was einem Menschen wichtig erscheint, immer von seiner jeweiligen subjektiven Bewertung abhängt, lernt auch kein Mensch alles, was ihm im Elternhaus, im Kindergarten, in der Schule oder in der beruflichen Ausbildung angeboten wird, sondern jeweils nur das, was er für wichtig hält, was ihm aus seiner Perspektive und aufgrund der von ihm bisher gemachten Erfahrungen hinreichend bedeutsam erscheint. Und bedeutsam ist für Menschen, die in eine Gemeinschaft hineinwachsen, all das, was ihnen hilft, sich in dieser Gemeinschaft zurechtzufinden und im Zusammenleben mit anderen geachtet und wertgeschätzt zu werden.

Um ihr Leben eigenverantwortlich gestalten und ihre Potenziale in sozialen Gemeinschaften entfalten zu können, müssen Heranwachsende lernen, nicht nur die Signale ihres Körpers und die damit einhergehenden Gefühle wahrzunehmen, sie richtig zu verstehen und der Situation angemessen zu regulieren (Affektkontrolle). Sie müssen auch vorausschauend denken und planen können (strategische Kompetenz). Sie müssen lernen zu erkennen, wie ihre Mitmenschen »drauf« sind, welche Wünsche und Bedürfnisse den anderen umtreiben (Empathiefähigkeit). Nur dann sind sie in der Lage, die Folgen ihres Handelns einzuschätzen (Sozialkompetenz; Handlungskompetenz). Heranwachsende müssen auch lernen, Probleme und Schwierigkeiten in ihrer ganzen Komplexität zu erfassen, das heißt subjektive Einschätzungen und objektive Sachverhalte als voneinander unterscheidbar wahrzunehmen, um beide Aspekte in ihre Handlungsplanung integrieren zu können (Einsichtsfähigkeit und Problemlösungskompetenz). Als hoch entwickelte Sozialwesen müssen wir Menschen offensichtlich eine ganze Menge lernen, wenn die Problemlösung fruchtbar und unser Handeln verantwortungsvoll sein soll, um die vielfältigen Herausforderungen in unserem Leben erfolgreich meistern zu können. Diese Fähigkeiten sind uns nicht automatisch in die Wiege gelegt. Sie werden Metakompetenzen genannt. Und genau betrachtet erlernen Kinder und Jugendliche diese Metakompetenzen auch nicht. Sie lassen sich deshalb nicht unterrichten, sie können nur durch eigene Erfahrungen erworben werden.

Deshalb brauchen Heranwachsende möglichst vielfältige Gelegenheiten, um am eigenen Leib spüren zu können, wie es sich anfühlt, eine Herausforderung zu meistern, seine eigenen Ängste zu »besiegen«, mit Geduld und Ausdauer bei »der Sache« zu bleiben, Niederlagen zu ertragen oder Fehler zu akzeptieren. Und ebenso wichtig ist es für sie zu erfahren, was es bedeutet – und wie es sich anfühlt –, miteinander etwas zu entdecken und zu gestalten, füreinander einzustehen und aufeinander Rücksicht zu nehmen. Wenn sie dann noch die Erfahrung machen dürfen, als eine »einzigartige Person« wahrgenommen und wertgeschätzt zu werden, dann wäre das Fundament für ein gelingendes Leben gelegt.

Lernprozesse erreichen also nur dann die Qualität einer Erfahrung, wenn sie in »eigener Regie«, das heißt selbst gewollt, selbst gesucht oder sozusagen »selbstorganisiert« gemacht wurden. Wer also genau das fördern möchte, wem die Entwicklung dieser »Lebenskompetenzen« am Herzen liegt, der erkennt sofort, dass es hierfür neben liebevollen und respektvollen Vorbildern und Begleitern vor allem Räume braucht, in denen diese Erfahrungen gemacht werden können. Erlebnisräume und Freiräume. Deshalb besteht die größte Herausforderung für Eltern, Lernbegleiter und alle Erwachsenen darin, zur richtigen Zeit und in angemessenem Umfang »loszulassen«, damit solche Freiräume für das Erfahrungslernen auch wirklich entstehen können. Der geeignetste Ort aber, an dem solche Erfahrungsräume geschaffen und zur Verfügung gestellt werden können, ist nicht die Schule, sondern die Kommune.

Gehirne lassen sich nicht programmieren

Unsere Welt ist voll von Vorschriften, Paragrafen, Gebrauchsanweisungen. Wer sich in der heutigen Welt zurechtfinden will, kommt ohne sie nicht mehr aus. Planen, regulieren, kontrollieren. Wie sonst sollen die Verkehrsströme in einer Großstadt reibungslos fließen, aus Öl und Eisenerz Autos und Flugzeuge entstehen, Wolkenkratzer gebaut oder Organe verpflanzt werden? Unendlich viele einzelne Arbeitsschritte müssen gekonnt ineinandergreifen, wenn das gewünschte Resultat – in höchster Perfektion – erzielt werden soll. Von Anfang an haben wir eine genaue Vorstellung von dem, was wir da erschaffen wollen. Deshalb muss alles nach »Plan« laufen. Fehler und Abweichungen werden schnell gefährlich, und Freiräume stören den programmgemäßen Ablauf und die Effizienz.

Und weil die unseren Alltag so beherrschenden technischen Höchstleistungen tatsächlich nur durch ein enormes Fachwissen unter den Bedingungen von exakten Vorschriften, detailliertem Planen und strenger Überwachung zu realisieren sind, haben wir uns offensichtlich so sehr daran gewöhnt, dass wir nun glauben, diese Bedingungen würden ebenso unser Leben bestimmen und gälten deshalb auch für unsere Gesundheit oder die Bildung. Denn auch hier wird das Denken und Handeln zunehmend von Zielvorgaben und Effizienzerwartungen bestimmt, von der Vorstellung, alles sei lenkbar und machbar. Aber werden nicht gerade hier, in unserem Gesundheits- und Bildungswesen, die Probleme immer größer? Obwohl immer mehr gemacht wird, scheint doch immer weniger zu gelingen. Haben wir die Antworten und Lösungen für diese Probleme einfach noch nicht gefunden, weil wir noch nicht alles erforscht haben? Oder haben wir schlicht und einfach über der Begeisterung für den technischen Fortschritt etwas ganz Wesentliches aus den Augen verloren?

Ja, vielleicht ist uns genau dieser Fehler unterlaufen.

Leben funktioniert nicht. Leben entwickelt und entfaltet sich. Zellverbände und ganze Organismen werden nicht streng nach »Plan« gebaut, sie organisieren sich selbst. Das, was hier als Bauplan, als genetisches Programm vorgegeben zu sein scheint, ist weit weniger bestimmend für das, was am Ende herauskommt, als wir uns das gemeinhin vorstellen. Aus dem alltäglichen Umgang mit exakt steuerbaren technischen Abläufen heraus haben wir uns von vererbten äußerlichen Ähnlichkeiten dazu verleiten lassen, zu glauben, dass das gesamte Leben einem Programm gehorchen müsse, dass sogar wir, unsere Gesundheit, unsere Intelligenz, sogar unser Verhalten von genetischen Bauplänen determiniert seien. Aber so ist es nicht, und das ist auch gut so.

Lebewesen, und nicht zuletzt wir Menschen, sind als sogenannte offene Systeme im ständigen Austausch mit der Umwelt. Andauernd verändern sich irgendwelche Bedingungen, und wir selbst führen durch jede Handlung (auch durch Unterlassung) Veränderungen herbei. Das ist die Realität. Daraus folgt, dass nur durch ein Maximum an Flexibilität ein Überleben möglich, nur durch eine größtmögliche Offenheit in den Reaktionen und Verhaltensantworten lebenslanges Lernen stattfinden kann. Weil ein exakter Plan, der heute noch perfekt ist, sich schon morgen als weitgehend untauglich erweisen kann, hat sich in der Entwicklung der lebendigen Welt das Prinzip der Selbstorganisation durchgesetzt. Die genetische Erbinformation stellt sozusagen einen Pool von Möglichkeiten bereit. Welche dieser Möglichkeiten abgefragt, oder besser, benötigt und umgesetzt werden, wird durch die aktuellen Umgebungs- und Milieubedingungen bestimmt. Das gilt für jede Zellteilung, für die Herausbildung unserer Organe und ganz besonders für das menschliche Gehirn.

Unser Gehirn ist geradezu ein Musterbeispiel für das Prinzip der Selbstorganisation. Im Verlauf unserer stammesgeschichtlichen Entwicklung wurden die bewährten Strukturen und Funktionen der älteren Hirnregionen beibehalten und in die neuen Strukturen integriert. Im Zuge dieser evolutiven Weiterentwicklung, mit der Herausbildung des Neokortex (Großhirnrinde), ist unser Gehirn zu einem einzigartigen Organ geworden, das sich zeitlebens verändern und seine neuronalen Vernetzungen an seine Nutzung anpassen kann. Das oberste Gebot dieser Weiterentwicklung ist ganz offensichtlich die Bereitstellung einer maximalen Offenheit und das Zurückdrängen festgelegter Programmstrukturen, die eigentlich nur noch für »Notfälle« bereitgehalten werden.

Eigene Erfahrungen strukturieren das Gehirn

In den letzten zehn Jahren ist es den Hirnforschern vor allem mithilfe der sogenannten bildgebenden Verfahren gelungen, nachzuweisen, wie nachhaltig der Einfluss früher Erfahrungen darauf ist, welche Verschaltungen zwischen den Milliarden Nervenzellen besonders gut gebahnt und stabilisiert und welche nur unzureichend entwickelt und ausgeformt werden.

Neue Erfahrungen, die ein Mensch im Lauf seines Lebens macht – und dafür haben die Molekularbiologen inzwischen zahlreiche Belege zusammengetragen –, wirken bis auf die Ebene der Gene. Sie führen dazu, dass zum Beispiel Nervenzellen damit beginnen, neue Gensequenzen abzuschreiben und andere stillzulegen. Neue Erfahrungen verändern also die Genexpression. Im Gehirn geschieht das bis ins hohe Alter und bildet die Grundlage für die lebenslange Plastizität und Lernfähigkeit dieses Organs. Allerdings machen wir die meisten Erfahrungen nicht am Ende, sondern am Anfang unserer Entwicklung, also während unserer Kindheit. Während dieser Phase ist die erfahrungsabhängige Neuroplastizität – und damit die erfahrungsabhängige Modulation der Genexpression – zumindest im Gehirn am stärksten ausgeprägt.

Diejenige Hirnregion, in der sich während der frühen Kindheit so besonders viele Nervenzellkontakte herausbilden und darauf warten, dass sie möglichst komplex benutzt und stabilisiert werden, ist beim Menschen die Hirnrinde, und hier ganz besonders der vordere, zuletzt ausreifende Bereich, der sogenannte Stirnlappen. Die in dieser Region herausgeformten Verschaltungsmuster nutzen wir, wenn wir uns ein Bild von uns selbst und unserer Stellung in der Welt machen wollen (Selbstwirksamkeitskonzepte), wenn wir unsere Aufmerksamkeit auf bestimmte Wahrnehmungen richten, Handlungen planen und die Folgen von Handlungen abschätzen (Motivation, Impulskontrolle), wenn wir uns in andere Menschen hineinversetzen und Mitgefühl entwickeln (Empathiefähigkeit, soziale und emotionale Kompetenz). Genau diese Fähigkeiten brauchen Kinder mehr als alles andere, wenn sie sich später in der Schule und im Leben zurechtfinden, lernbereit, wissensdurstig und neugierig bleiben und mit anderen gemeinsam nach brauchbaren Lösungen suchen wollen. Die für diese Fähigkeiten verantwortlichen hoch komplizierten Nervenzellverschaltungen im Gehirn und dort speziell im Frontallappen stabilisieren sich jedoch nicht von allein. Sie müssen durch eigene Erfahrungen anhand entsprechender Vorbilder herausgeformt und gefestigt werden. Und das größte Spektrum an Vorbildern mit unterschiedlichsten Kompetenzen, inneren Einstellungen und Haltungen, an denen sich Heranwachsende orientieren, die sie für sich auswählen, denen sie nacheifern können, bietet nicht die Kleinfamilie, sondern die Kommune.

Wichtiges erkennt man daran, dass es »unter die Haut geht«, also ein Gefühl auslöst, das mit einer körperlichen Reaktion einhergeht.

Im Gehirn kommt es dabei zu einer Aktivierung der sogenannten emotionalen Zentren. Das sind Gruppen von

Nervenzellen im Mittelhirn mit sehr langen und weit-
verzweigten Fortsätzen. Immer dann, wenn diese Zellen
»feuern«, werden an den Enden ihrer Fortsätze neuroplas-
tische Botenstoffe freigesetzt.

Diese wirken auf nachgeschaltete Neuronenverbände,
bildlich ausgedrückt, wie »Dünger«. Sie stimulieren dort
die Herstellung von Eiweißen, die für das Auswachsen
von Fortsätzen und die Neubildung und Festigung von
Nervenzellverknüpfungen gebraucht werden. So werden all jene Vernetzungen im Hirn verstärkt, ausgebaut
und gefestigt, die für die erfolgreiche Bewältigung einer
Herausforderung, für das Lösen eines Problems, für die
Aneignung einer Fähigkeit oder die Verankerung neuen
Wissens genutzt, also aktiviert worden sind. Deshalb
lernt man alles so schnell, was einem wirklich wichtig
ist. Man kann sich Mühe geben und üben, so viel man
will, aber wenn einen das, was man lernen sollte, so gar
nicht berührt, bleibt auch nichts davon hängen.

Aus diesem Grund muss jeder Lerninhalt »emotional
aufgeladen« werden, das heißt, es muss zur Aktivierung
der emotionalen Zentren im Mittelhirn kommen, wenn
das Gelernte im Gehirn verankert und nicht anschließend
gleich wieder vergessen werden soll. Subjektive Bedeutsamkeit erlangt der Erwerb neuer Kenntnisse oder neuer
Fähigkeiten primär dadurch, dass man sie selbst nutzen
und sinnvoll einsetzen kann. Emotional aufgeladen und
damit subjektiv bedeutsam kann aber auch all das wer-

den, was man von Personen übernimmt, die einem aus irgendwelchen Gründen besonders wichtig sind.

Bei kleinen Kindern sind das die eigenen Eltern oder andere wichtige Bezugspersonen, später sind es bewunderte Vorbilder, bis wir immer stärker eigene Vorstellungen davon entwickeln, worauf es uns im Leben ankommt. Auch durch die Androhung von Strafen oder das In-Aussicht-Stellen von Belohnungen lässt sich eine Aktivierung der emotionalen Zentren erreichen. Aber was damit im Hirn gefestigt und gestärkt wird, sind vor allem all jene Vernetzungen, die aktiviert werden, um die Bestrafungen zu vermeiden oder die Belohnungen zu ergattern. Das dabei als »Nebeneffekt« angeeignete Wissen bleibt deshalb weitgehend bedeutungslos und wird, wenn es nicht doch noch irgendwie als wichtig erlebt wird, schnell wieder vergessen.

Die meisten Menschen, die einen entsprechenden Schulunterricht erlebt haben, können sich an all das, was ihnen mit diesen Methoden beigebracht worden ist, nach spätestens zwei Jahren kaum noch erinnern. Was hingegen fest im Hirn verankert und zeitlebens in Erinnerung bleibt, ist die Erfahrung von Schule als einem Ort, »wo man hinmusste«, wo man seine Freunde getroffen und wo man schließlich tagelang gefeiert hat, wenn die Schulzeit endlich überstanden war.

Wenn das Lernen als eine Last und unangenehme Pflicht empfunden wird, so ist das allerdings die für das gesamte weitere Leben schlechteste Lernerfahrung, die ein junger Mensch überhaupt in seinem Gehirn verankern kann. Heranwachsenden, die solche Lernerfahrungen in der Schule machen, kann man nur wünschen, dass sie in einem kommunalen Umfeld aufwachsen, in dem sie genügend Gelegenheiten finden, günstigere Erfahrungen zu machen.

Wird das Leben als erkenntnisgewinnender Prozess verstanden, so ist jeder Mensch ein lebenslang Lernender. Und geht es beim Lernen, wie die Hirnforscher inzwischen belegen können, um die Verankerung von individuell gemachten Beziehungserfahrungen in Form struktureller Beziehungsmuster auf der Ebene neuronaler Netzwerke, dann ist jeder Lernprozess Ausdruck und Resultat einer von einem Menschen gemachten Beziehungserfahrung. Wer sich nicht zu sich selbst, zu anderen Menschen, zu anderen Lebewesen, zu den natürlichen und kulturellen Phänomenen seiner jeweiligen Lebenswelt in Beziehung setzt, wird weder etwas lernen noch zu irgendeiner Erkenntnis über sich selbst oder die ihn umgebende Welt gelangen. Umgekehrt ist das Ausmaß an Wissen, an Erfahrungen, an Fähigkeiten und Fertigkeiten, die ein Mensch in Form komplexer Netzwerkstrukturen in seinem Gehirn verankern kann, umso größer, je umfassender und vielfältiger das Spektrum all dessen ist, mit dem sich der betreffende Mensch in Beziehung setzt. Weil dieses Spektrum an Beziehungserfahrungen, die ein Mensch beim Hineinwachsen in seine jeweilige Lebenswelt macht oder zu machen in der Lage ist, individuell sehr unterschiedlich ausfällt, entwickeln Menschen zwangsläufig mehr oder weniger komplex vernetzte Gehirne.

Mit einem relativ gering vernetzten, also relativ einfach strukturierten Gehirn wird ein Mensch bereits als Jugendlicher kaum in der Lage sein, sich in komplexen Lebenssituationen zurechtzufinden, geschweige denn vielfältige und unterschiedliche Herausforderungen zu meistern und dabei innovative und kreative Ideen zu entwickeln und umzusetzen. Primäre Aufgabe kommunaler Jugendarbeit muss es daher sein, Heranwachsende zu ermutigen und zu inspirieren, sich immer wieder neuen Herausforderungen zu stellen, sich immer wieder neues Wissen und neue Fähigkeiten anzueignen, sich immer wieder auf neue Beziehungserfahrungen einzulassen. Nur so können Kinder und Jugendliche ständig neue Erfahrungen sammeln und in Form zunehmend komplexer werdender neuronaler Netzwerkstrukturen in ihrem Hirn verankern. Dazu brauchen Kinder und Jugendliche hinreichend offene und komplexe Freiräume zum eigenen Entdecken und Gestalten. Vor allem aber brauchen sie Menschen, die bereits über ein breites Spektrum an Erfahrungen verfügen und mit denen sie sich emotional verbunden fühlen, die sie wertschätzen und die sie als Orientierung bietende Vorbilder für ihre eigene Weiterentwicklung akzeptieren. Solche Personen können nur Erwachsene sein, die ihre eigene Lust am Entdecken und Gestalten und an ihrer eigenen Weiterentwicklung noch nicht verloren haben. Nur solche Erwachsene werden in der Lage sein, Heranwachsende als »Supportive Leaders«, als Potenzialentfaltungscoachs, zu begleiten und ihnen genau die Erfahrungsräume zur Verfügung zu stellen, die sie brauchen, um ihre jeweils ganz besonderen individuellen Begabungen und Talente auch wirklich entfalten zu können.

Wer bereits als Kind oder zumindest später als Jugendlicher erlebt hat, was er alles zu leisten und zu bewältigen vermag und was es im Leben alles zu entdecken und zu gestalten gibt, wird sich über jede neue Lernerfahrung freuen. Der wird seine angeborene Offenheit und Beziehungsfähigkeit auch nicht verlieren und die in ihm angelegten Potenziale entfalten – ein Leben lang oder zumindest so lange, bis er irgendwann die Erfahrung machen muss, dass er von anderen Menschen für deren Ziele und Absichten benutzt und nach deren Vorstellungen geformt, zurechtgebogen und gebildet werden soll.

Aus Erfahrungen werden innere Einstellungen und Haltungen

Alle Erfahrungen, die wir machen und die zur Bahnung und Strukturierung dieser sich im präfrontalen Cortex herausbildenden neuronalen Netzwerke führen, sind also dadurch gekennzeichnet, dass sie »unter die Haut« gehen. Immer dann, wenn wir eine neue Erfahrung machen, kommt es zu einer gleichzeitigen Aktivierung kognitiver Netzwerke (was war los, was habe ich wahrgenommen, wie habe ich reagiert, mit welchem Effekt) und emotionaler Netzwerke (wie hat sich das angefühlt, wie ist es mir ergangen, was habe ich empfunden). Diese simultane Aktivierung emotionaler und kognitiver Netzwerke führt dazu, dass die betreffenden Netzwerkstrukturen aneinander gekoppelt, miteinander verbunden werden. Erfahrungen sind also niemals nur kognitiv oder nur emotional, sondern immer gleichzeitig kognitiv und emotional verankert. Wiederholt gemachte Erfahrungen verdichten sich dabei auf einer Metaebene zu einer Art Integral über alle bisher gemachten ähnlichen Erfahrungen. Dieses so abgespeicherte »Erfahrungsintegral« bildet dann die Grundlage für das, was wir »Haltung« oder »innere Überzeugung« nennen. Haltungen und Überzeugungen sind also immer durch eigene, am eigenen Leib und unter emotionaler Aktivierung gemachte Erfahrungen entstanden.

Da nirgendwo auf der Welt identische Bedingungen herrschen, unter denen die Menschen identische Erfahrungen machen, ist jedes menschliche Gehirn ein einzigartiges Konstrukt. Es wird herausgeformt durch das Zusammenspiel einzigartiger Anlagen und selbst gemachter Erfahrungen, und die auf diese Weise entstandenen und gefestigten neuronalen Verbindungen und Verschaltungsmuster verleihen dem betreffenden Menschen seine individuellen Begabungen, Fähigkeiten und Fertigkeiten. Je größer die Vielfalt individuell unterschiedlicher Denk-, Gefühls- und Handlungsmuster in einer menschlichen Gemeinschaft ist, desto reichhaltiger ist der Schatz innerer Bilder, aus dem diese Gemeinschaft die geeignetste Lösung zur Bewältigung ihrer Probleme auswählen kann.

So verschieden unser Erfahrungsschatz auch sein mag, und auch wenn die Entwicklung durch widrige Umstände und Krisen unter sehr ungünstigen Bedingungen stattgefunden haben sollte, können wir davon ausgehen, dass zumindest ganz am Anfang des Lebens alle Menschen zwei grundsätzliche Erfahrungen gemacht haben und diese miteinander teilen. Während der frühen Entwicklung, vor der Geburt und noch eine Zeitlang nach der Geburt, macht jedes Kind zwei ganz entscheidende Grunderfahrungen: Es steht in Verbindung mit anderen Menschen. Diese erste Grunderfahrung wird täglich implizit durch das bestätigt, was das Kind erlebt, ohne sich

dessen bewusst zu sein. Daraus leitet sich die Erwartungshaltung ab, die normalerweise bei einem Menschen nie
wieder verschwindet, nämlich dass man mit anderen
auch verbunden bleiben möchte. Die zweite, ebenfalls
vorgeburtlich gemachte Grunderfahrung wird während
der weiteren frühkindlichen Entwicklung weiter bestätigt: Jedes Kind merkt, dass es jeden Tag ein Stückchen
über sich hinauswachsen kann. Und daraus leitet sich
wiederum die Erwartungshaltung ab, dass es auch in
Zukunft weiter möglich sein muss, in Verbindung zu
bleiben und über sich hinauswachsen zu können. So
werden neue Wahrnehmungen gemacht, und jede neue
Wahrnehmung wird von einem Kind nicht nur durch die
Sinnesorgane und die entsprechenden Verarbeitungszen-
tren im Gehirn verankert, sondern mit dem ganzen Körper und mit allen Sinnen.

Wer immer wieder, zum Beispiel zu Hause, in der Schule oder im Berufsleben, bestimmte Erfahrungen macht
oder machen muss, der entwickelt daraus eine bestimmte innere Einstellung zu dem, was eine Familie ist, wozu
Schule gut ist oder was ihm Bildung oder Berufstätig-
keit bedeuten. Solche einmal entstandenen Haltungen
und Überzeugungen können günstig oder ungünstig für
die weitere Entwicklung eines Menschen sein. Sie sind
bestimmend für das, wofür sich der betreffende Mensch
interessiert, sie lenken seine Wahrnehmung und bilden

die Grundlage seiner Bewertungen und Entscheidungen.

Eine ungünstige innere Einstellung zum Lernen entwickelt kein junger Mensch von allein. Sie fällt nicht vom Himmel und ist auch nicht angeboren. Sie ist das Ergebnis meist einer ganzen Reihe ungünstiger Erfahrungen, die der oder die Betreffende bisher mit dem Lernen, meist in der Schule, gemacht hat. Oder besser: leider machen musste. Für diese ungünstigen Erfahrungen ist auch niemals der dort vermittelte Lernstoff verantwortlich, sondern immer eine höchst lebendige Person, der es aus Gründen, die hier nicht weiter untersucht werden sollen, nicht gelungen ist, den betreffenden Schüler so zu begleiten und zu unterstützen, dass er oder sie eine positive Erfahrung mit dem eigenen Lernen in der Schule machen konnte. Und wenn nicht ein bestimmter Lehrer hierfür maßgeblich war, dann waren es ungünstige Erfahrungen mit anderen, zu Hause, im Kindergarten oder in der sogenannten Peergroup.

Entscheidend ist die ungünstige Haltung gegenüber dem eigenen Lernen, die durch diese Erfahrung entstanden ist. Denn solche einmal entstandenen inneren Einstellungen oder Überzeugungen (»ich kann nicht singen«, »ich bin für Mathe unbegabt«) lassen sich später nur schwer wieder ändern: und zwar nicht durch gute Ratschläge, nicht durch Ermahnungen und auch nicht durch Belohnungen oder Bestrafungen, sondern nur dadurch, dass es jemandem gelingt, einen Erfahrungsraum zu schaffen und eine Beziehung so zu gestalten, dass sich der oder die betreffende Jugendliche eingeladen, ermutigt und inspiriert fühlt, sich noch einmal – und diesmal mit einer günstigeren Erfahrung – auf das Lernen einzulassen.

Dass das leichter irgendwo anders gelingt als in der Schule und einem Lehrer-Schüler-Verhältnis, wo ja all die ungünstigen Erfahrungen gesammelt worden sind, liegt auf der Hand. Und dass das in einer Gemeinschaft mit anderen, in der alle gemeinsam ein bestimmtes attraktives Ziel verfolgen, besser gelingt als allein, ist auch keine besonders neue Erkenntnis.

Aber bei der praktischen Umsetzung scheitern wir nach wie vor auf beeindruckende Weise. Weder bieten wir den Jugendlichen Aufgaben an, die für unsere Gesellschaft und die Gestaltung ihres zukünftigen Lebens wirklich wichtig und bedeutungsvoll sind, an denen sie wachsen und über sich hinauswachsen können. Noch sind wir in ausreichendem Maße in der Lage oder willens, die Verantwortung dafür zu übernehmen und darauf hinzuwirken, dass sich aus zufällig zusammengewürfelten Gruppen von Jugendlichen leistungsorientierte Teams entwickeln, die gemeinsam etwas schaffen, etwas entdecken, aufbauen und gestalten wollen.

Neben den notwendigen Freiräumen für das eigene Erfahrungslernen brauchen diese jungen Menschen ernsthafte Angebote zur aktiven Mitgestaltung unseres gegenwärtigen Zusammenlebens und unserer künftigen Welt.

Erst wenn Jugendliche erleben, dass sie für dieses Zusammenleben und die Gestaltung unserer Zukunft wirklich gebraucht werden, können sie auch erfahren, dass ihnen dies umso besser gelingt, je mehr sie wissen und können.

Dann würden sie nicht länger unter »Lernen« eine lästige Pflicht verstehen. Sie würden sich bewusst dafür entscheiden können, Lernende zu sein, ein Leben lang.

Die Welt, in die unsere Kinder und Jugendlichen heute hineinwachsen, verändert sich mit atemberaubender Geschwindigkeit.

Damit es Kindern gelingt, sich im heutigen Wirrwarr von Anforderungen, Angeboten und Erwartungen zurechtzufinden, brauchen sie Orientierungshilfen, also äußere Vorbilder und innere Leitbilder, die ihnen Halt bieten und an denen sie ihre Entscheidungen ausrichten. Nur unter dem einfühlsamen Schutz und der kompetenten Anleitung durch erwachsene »Vorbilder« können Kinder vielfältige Gestaltungsangebote auch kreativ nutzen und dabei ihre eigenen Fähigkeiten und Möglichkeiten erkennen und weiterentwickeln. Nur so kann im Frontalhirn ein eigenes, inneres Bild von Selbstwirksamkeit stabilisiert und für die Selbstmotivation in allen nachfolgenden Lernprozessen genutzt werden. Die Herausbildung komplexer Verschaltungen im kindlichen Gehirn kann nur unter folgenden Bedingungen gelingen:

- Wenn Kinder in einer Welt aufwachsen, in der die Aneignung von Wissen und Bildung einen Wert besitzt.
- Wenn Kinder die Gelegenheit bekommen, sich aktiv an der Gestaltung der Welt zu beteiligen.
- Wenn Kinder ausreichend Freiräume finden, um ihre eigene Kreativität spielerisch zu entdecken.
- Wenn Kinder nicht mit Reizen überflutet, verunsichert und verängstigt werden.
- Wenn Kinder nicht daran gehindert werden, eigene Erfahrungen bei der Bewältigung von Schwierigkeiten und Problemen zu machen.
- Wenn Kinder vielseitige Anregungen erfahren und mit ihren spezifischen Bedürfnissen und Wünschen wahrgenommen werden.

Die Einführung einer solchen Kultur stößt natürlich auf Widerstände, vor allem dort, wo sie bisher am wenigsten gepflegt worden ist, wo es anstelle von Beziehungsfähigkeit auf Wettbewerbsfähigkeit ankam. Aber Kinder wertschätzen, ermutigen und unterstützen kann jeder, wenn er das will.

Die Kommune als Erfahrungsraum für die Herausbildung sozialer Einstellungen und Haltungen

Der wichtigste Erfahrungsraum, in dem die in unsere Welt hineinwachsenden Kinder und Jugendlichen erleben können, dass sie so, wie sie sind, gesehen, angenommen, wertgeschätzt und gemocht werden, ist die Familie. In seiner Familie, im täglichen Zusammenleben mit seinen Eltern, Geschwistern und anderen Familienangehörigen müsste eigentlich jedes Kind die Erfahrung machen können, dass es nicht nur untrennbar mit den anderen Familienmitgliedern verbunden ist und dazugehört, es müsste auch immer wieder spüren, dass es selbst ernst genommen und in seiner Einzigartigkeit gesehen wird, dass es ermutigt wird, sich ständig weiterzuentwickeln, seine Talente und Begabungen zu entfalten und sich vielseitige Fähigkeiten und Kompetenzen anzueignen, immer eigenständiger sein Leben zu gestalten, immer autonomer und freier zu werden und dabei gleichzeitig mit allen anderen emotional verbunden zu bleiben. Wenn das so wäre und alle Kinder in ihren Familien diese Erfahrung machen könnten, würden auch alle Kinder ihre angeborene Entdeckerfreude und Gestaltungslust, ihre Offenheit und Begeisterungsfähigkeit, ihre Kreativität und ihre Lust an der Entfaltung ihrer eigenen Potenziale nicht verlieren. Kein Kind müsste versuchen, weil es sich entweder in seinem Grundbedürfnis nach Zugehörigkeit oder in seinem ebenso wichtigen Grundbedürfnis nach Autonomie verletzt fühlt, diesen Schmerz zu unterdrücken oder ihn durch irgendwelche Ersatzbefriedigungen zu stillen. Kein Kind müsste, weil es selbst verletzt wurde, andere Menschen verletzen. Kein Kind müsste, weil es sich selbst als ohnmächtig erfahren hat, danach trachten, Macht und Einfluss über andere zu gewinnen. Kein Kind müsste, weil es selbst nicht wertgeschätzt worden ist, andere Menschen abwerten. Kein Kind müsste, weil es selbst nicht gesehen wurde, ständig versuchen, die Aufmerksamkeit anderer zu erzwingen. Leider machen nicht alle Kinder in ihren Herkunftsfamilien solch positive Erfahrungen. Allzu häufig werden aus Kindern »Problemkinder«, die das Zusammenleben schon im Kindergarten stören. Ihnen fällt es schwer, mit anderen Kindern frei und unbekümmert zu spielen, sie werden in der Schule als »Störenfriede« auffällig und untergraben später das friedliche Zusammenleben in der Kommune. Jene, die sich selbst als Opfer irgendwelcher Erziehungsmaßnahmen erlebt haben, können zu Tätern werden, deren egozentrischen Verhaltensweisen wiederum andere Menschen zum Opfer fallen. Asozial und verantwortungslos ist die diesen Verhaltensweisen zugrunde liegende innere Einstellung. Aber damit kommt kein Kind zur Welt.

Wenn diese ungünstigen Haltungen und inneren Einstellungen in ihrem Gehirn erst durch vorangegangene ungünstige Erfahrungen verankert worden sind und wenn – wie wir inzwischen aus den Erkenntnissen der Hirnforscher wissen – Menschen zeitlebens neue Erfahrungen machen und in ihrem Gehirn verankern können, so liegt die Lösung für diese Probleme auf der Hand: Es müsste diesen Kindern und Jugendlichen die Möglichkeit geboten werden, künftig andere, günstigere Erfahrungen zu machen – mit sich selbst, mit ihrer eigenen Kreativität und Gestaltungskraft, im täglichen Zusammenleben mit anderen, beim gemeinsamen Lernen, beim Entdecken und Gestalten. Das wäre die Lösung. Und der Ort, wo den Kindern und Jugendlichen diese Erfahrungen ermöglicht werden könnten, wo sie am leichtesten zu finden und freizulegen wären, ist die Kommune. »Um Kinder gut großzuziehen, braucht man ein ganzes Dorf«, heißt die offenbar schon sehr alte, angeblich aus Afrika stammende Volksweisheit, die nun durch die Erkenntnisse der Hirnforscher auf beeindruckende und unwiderlegbare Weise bestätigt wird.

In einem Dorf, in einem Stadtteil finden Kinder immer irgendwelche Menschen, die irgendetwas Besonderes können. Und je unterschiedlicher die Menschen sind, die dort leben, desto reichhaltiger wird das Spektrum der Möglichkeiten, das Kinder und Jugendliche dort vorfinden, um sich mit ihren jeweiligen Begabungen und Interessen jemanden zu suchen, der ihnen zeigt, wie etwas geht, was es in einer Kommune alles zu entdecken und zu gestalten gibt. Und um was man sich gemeinsam mit anderen Menschen kümmern kann.

Wenn Kinder und Jugendliche wieder erleben könnten, dass sie nicht ständig wie Objekte belehrt, gemaßregelt, beschult und erzogen werden, sondern dass sie in ihrer Kommune von anderen Mitgliedern beachtet und wertgeschätzt werden, wenn ihnen zugetraut würde, Aufgaben zu übernehmen, die für die Kommune und das kommunale Leben wichtig sind. Dann könnte sich jedes Kind und jeder Jugendliche als jemand erfahren, der mit seinen besonderen Talenten, mit seinen erworbenen Fähigkeiten und seinem bisher angeeigneten Wissen in dieser besonderen Weise zum Gelingen von etwas beiträgt, was nur in einer gemeinsamen Anstrengung gelingen kann.

II. Was aus unseren Kommunen geworden ist
Aktionismus zwischen Problembewältigung und Besitzstandswahrung

In jeder menschlichen Gemeinschaft, sei es eine Familie oder eine von vielen Familien gebildete Kommune, gibt es so etwas wie ein inneres Band, das die Mitglieder der jeweiligen Gemeinschaft zusammenhält und miteinander verbindet. Wenn dieses innere Band zerreißt, zerfällt die Gemeinschaft. Was bleibt, ist eine Gruppe oder Ansammlung von Einzelpersonen, die alle ihre eigenen Interessen verfolgen. Die Familie oder die Kommune hat dann ihren gemeinsamen Geist verloren.

Dieser gemeinsame Geist stärkt den Zusammenhalt einer Gemeinschaft und definiert die Ziele, für die sich ihre Mitglieder einsetzen. Er entsteht durch all die Erfahrungen, die die Menschen im Verlauf ihrer Entwicklung als

Gemeinschaft machen. Diese werden oft in Mythen und Sagen, in Geschichten und Erzählungen, in Liedern und Aufzeichnungen festgehalten, später als gemeinsame Wertvorstellungen definiert und in Regeln und Gesetzen festgeschrieben.

Normalerweise wird das Denken, Fühlen und Handeln einer Gemeinschaft durch diesen gemeinsamen Geist so gelenkt, dass die betreffende Gemeinschaft genau das zu leisten und weiterzuführen imstande ist, was sie zusammengeführt hat. Eine Fußballmannschaft sollte also einen Teamgeist besitzen, der den Spielern hilft, optimal zusammenzuspielen und möglichst viele Fußballspiele zu gewinnen. Ein gemeinsamer Schulgeist sollte Lehrern und Schülern helfen, das zu leisten, wozu die Schule da ist, nämlich die Potenziale der Schüler optimal zu entfalten: Er sollte sie einladen, ermutigen und inspirieren, sich all das Wissen anzueignen, das sie später im Leben brauchen.

Der gute Geist einer Familie sollte ihren Mitgliedern das Gefühl vermitteln, dass sie in dieser Familie eng miteinander verbunden sind und ihnen aus dieser Verbundenheit heraus die Kraft erwächst, ihre Potenziale zu entfalten, zu wachsen und über sich hinauszuwachsen.

Und der gute Geist einer Kommune müsste dafür sorgen, dass die Mitglieder dieser Kommune optimale Möglichkeiten finden, ihr Zusammenleben so zu gestalten, dass daraus etwas entstehen kann, was kein Einzelner und auch keine Familie für sich allein zu leisten vermag. Dazu zählt die Sicherung der gemeinsamen Lebensgrundlagen, die Bereitstellung und Aufrechterhaltung von Versorgungsleistungen, die Gewährleistung von Sicherheit und Ordnung und die Koordination von Verwaltungs- und Dienstleistungen. Vor allem aber zählt dazu die Sicherung der gemeinsamen Zukunft, die Aufrechterhaltung der Freude am gemeinsamen Entdecken und Gestalten, am Voneinander-Lernen und Einander-Ermutigen, am Sich-Einbringen und Füreinander-da-Sein. Und nicht zuletzt wird der gute Geist einer Kommune bestimmt von der gemeinsamen Sorge und der gemeinsamen Verantwortung aller Mitglieder für die in diese Kommune hineinwachsenden Kinder.

Wie sich der gute Geist aus Kommunen verflüchtigt

Bisweilen kommt es vor, dass die Mitglieder einer Familie oder einer Kommune sich nicht mehr vorrangig um das kümmern, was ursprünglich Sinn und Zweck ihrer Gemeinschaft war. Dann verschwindet auch ihr guter Geist, und an seine Stelle rückt ein anderer Geist nach, geradezu als hätte dieser die ganze Zeit nur darauf gewartet, die Geschicke dieser Gemeinschaft selbst in die Hand zu nehmen. Manchmal wird er »Verwaltungsgeist« genannt, manchmal beginnt er auch inkognito damit, das Klima in einer Familie oder Kommune zu bestimmen, bis die Mitglieder der betreffenden Gemeinschaft die Erfahrung machen, dass sie nur mehr verwaltet, umhergeschoben und benutzt werden. Und aus den so gemachten Erfahrungen verfestigen sich in ihrem Frontalhirn genau jene Haltungen und inneren Einstellungen, die zu diesem eingedrungenen eigenartigen Geist passen. Ihre Gemeinschaft und deren Wohl wird ihnen zunehmend egal. Schließlich versucht jeder nur noch seine Besitzstände zu wahren und wenn möglich zu mehren, nur noch seine Interessen zu sichern und seine Ziele zu verfolgen.

Wenn es eine Gemeinschaft so weit gebracht hat, mag sie vielleicht noch eine Zeitlang überleben. Sie funktioniert dann mehr oder weniger, aber sie entwickelt sich nicht weiter. Sie wirkt irgendwie eingefroren – weit davon entfernt, die in ihr angelegten und in ihren Mitgliedern vorhandenen Potenziale entfalten zu können. Sie wird zu einer Kümmerversion dessen, was sie ursprünglich einmal war und was aus ihr in Zukunft noch werden könnte.

Den meisten unserer Kommunen ist das so gegangen. Ihr guter Geist ist ihnen weitgehend abhandengekommen.

Wie das Band gemeinsamer Interessen zerreißt

Die Ursache dieser ungünstigen Entwicklungen ist leicht auszumachen: Das Band gemeinsamer Intentionen, das eine Gemeinschaft normalerweise zusammenhält und ein Gefühl von Verbundenheit in ihren Mitgliedern erzeugt, kann allzu leicht zerreißen. Diese Gefahr wächst allein schon mit der zunehmenden Anzahl der Mitglieder. Oft ist es auch nur ein von außen wirkender Druck, der eine Gemeinschaft zusammenhält. Immer dann, wenn es den Mitgliedern in einer gemeinsamen Anstrengung gelungen ist, Hunger, Not und Elend zu überwinden, wenn die Natur immer besser beherrschbar und äußere Feinde weitgehend bezwingbar geworden sind, beginnen solche Not- und Zweckgemeinschaften zwangsläufig wieder zu zerfallen. Dann können sie nur noch notdürftig durch Ordnungs- und Verwaltungsmaßnahmen zusammengehalten werden.

Neben diesen äußeren Bändern können sich Menschen aber sehr wohl auf eine tiefere Weise miteinander verbunden fühlen. Dieses Verbundenheitsgefühl hält zum Beispiel zwei Lebenspartner, die Mitglieder einer Familie, wirkliche Freunde und manchmal sogar Nachbarn auch dann eng zusammen, wenn es dafür keinen äußeren Grund gibt.

Manchmal ist es ein gemeinsamer Glaube, sind es

miteinander geteilte innere Überzeugungen, bestimmte innere Einstellungen oder Wertvorstellungen, die Menschen unterschiedlicher Herkunft zusammenführen und miteinander verbinden. Aber auch die von einem solch inneren Verbundenheitsgefühl zusammengehaltenen Gemeinschaften können leicht zerfallen. Das ist meist dann der Fall, wenn das emotionale Band so eng wird, dass es einzelnen Mitgliedern die Luft zum Atmen nimmt. Wenn ihr individuelles Bedürfnis nach Autonomie, Selbstbestimmung und Freiheit erstickt wird.

Wenn Gemeinschaften nicht mehr durch ein festes inneres oder äußeres Band zusammengehalten werden und sich immer mehr Einzelne auf der Suche nach freier autonomer Lebensgestaltung herauszulösen beginnen, entstehen zunehmend Konflikte und Reibungsverluste. Erkennbar wird dies an dem für die Kompensation dieser Reibungsverluste wachsenden Verbrauch natürlicher Ressourcen und einem ausufernden Leistungs- und Konkurrenzdruck unter den Mitgliedern.

Leidtragende dieser Entwicklungen sind die Schwächeren, also die Alten und die Kinder. Beide finden dann in solchen Gemeinschaften keinen Platz mehr. Die Alten können ihre Erfahrungen nicht mehr einbringen, und die Kinder können nicht mehr hinreichend komplexe und vielfältige Erfahrungen sammeln. Beide werden zunehmend verwaltet. Über kurz oder lang übersteigen die Kosten dieser Verwaltungsmaßnahmen und die innerhalb solcher Gemeinschaften erzeugten Reibungsverluste aber die von ihr erwirtschafteten Mittel. Dann kommt es zu krisenhaften Entwicklungen. Zwangsläufig verstärken solche Krisen als Notsituationen wieder den Zusammenhalt.

So kann es erneut zu verstärkten gemeinsamen Anstrengungen kommen. Wird die Krise dadurch überwunden, beginnt das alte Spiel wieder von vorn, bis die nächste Krise anrollt. So könnte es ewig weitergehen, gäbe es nicht eine andere Möglichkeit, den ewigen Kreislauf von Krisen und Krisenbewältigung zu durchbrechen. Diese andere Möglichkeit heißt Transformation. Sie wird von jeder menschlichen Gemeinschaft irgendwann gefunden, aber nicht in Form der Bewältigung aufeinanderfolgender Krisen, sondern als Lösung für ein Dilemma, in das diese Gemeinschaft mit ihren eigenen Entwicklungsstrategien und bisherigen Entwicklungskonzepten, mit ihren bisherigen Annahmen, Vorstellungen und Ideologien geraten ist.

Krisen sind gefährlich, sie werden als bedrohlich empfunden. Etwas ist aus dem Gleichgewicht geraten, und deshalb lässt sich eine Krise nur dadurch bewältigen, dass dieses verloren gegangene Gleichgewicht irgendwie wiederhergestellt wird. Wie bei einer Balkenwaage wird dann versucht, entweder auf die eine Waagschale mehr Gewicht zu legen oder etwas von der anderen herunterzunehmen. Bis das System rejustiert ist. Es ist dann zwar wieder stabiler, aber es ist eben immer noch das alte, es hat sich nicht wirklich weiterentwickelt.

Die Mitglieder einer solchen Krisenbewältigungsgemeinschaft sind nach der Krisenbewältigung immer noch genauso unterwegs wie vorher: Mit den gleichen Vorstellungen und Überzeugungen, mit den gleichen Lösungsstrategien, mit den gleichen Denk-, Fühl- und Verhaltensmustern.

Die Kommune als Problembewältigungs-gemeinschaft

Wenn man die Entwicklungslinien heutiger Dörfer und Städte lange genug zurückverfolgt, findet man wahrscheinlich überall Ereignisse, die diese Gemeinschaften nicht nur zusammengehalten, sondern ursprünglich sogar zusammengeführt haben: menschengemachte Bedrohungen von außen durch Überfälle, Krieg und Terror oder natürliche Bedrohungen in Form von Naturkatastrophen, Missernten, Klimaveränderungen oder Seuchen. Waren es nicht solcherlei akute lebensbedrohliche Ereignisse, dann machten ganz spezifische Probleme den Menschen in einer bestimmten Gegend zu schaffen. Viele Herausforderungen konnten nur gemeinsam bewältigt werden: Deichbau und Landgewinnung an den Meeresküsten, Waldrodungen und Urbarmachung im Landesinneren, Schutz vor Frost, Eis und Schnee im winterlichen Norden und Sicherung der Wasserversorgung und Hitzeschutz in den heißen Gebieten. Und überall: Bau von Verteidigungs- und Befestigungsanlagen. Die Notwendigkeit zur Lösung all dieser Probleme begünstigte den Erwerb spezieller Kenntnisse und Fertigkeiten durch einzelne Mitglieder dieser Gemeinschaften. Die Spezialisten wurden von anderen gebraucht und brauchten gleichzeitig selbst wieder andere, die auf weiteren Gebieten spezielle Fähigkeiten entwickelt hatten und zur Verfügung stellten.

So entstanden Problembewältigungsgemeinschaften, deren Mitglieder nicht nur wechselseitig voneinander profitierten, sondern auch zunehmend voneinander abhängig wurden und deshalb räumlich immer näher zusammenrückten. Ihr Zusammenleben war primär zweckbestimmt und diente der gemeinsamen Lösung der jeweiligen Probleme der ganzen Kommune und damit auch all ihrer Mitglieder. Vorschriften, Gesetze und Verwaltungsstrukturen wurden geschaffen, um das Zusammenleben und Zusammenwirken dieser dörflichen und städtischen Gemeinschaften zu regeln. Unterschiedliche Verantwortungsbereiche entstanden, und es kam zur Herausbildung von Hierarchien sowie von Macht- und Einflussgefällen innerhalb der Kommune.

Je größer die Probleme und Herausforderungen der Kommunen waren, desto straffer mussten das Zusammenleben wie auch die Aufgabenverteilung organisiert werden. Grobe Missachtungen dieser Regeln führten zum Ausschluss aus der Gemeinschaft, und diese »Verbannung« wurde damals als schlimmer empfunden als die Todesstrafe. Ein enormer Anpassungsdruck erreichte selbst die einzelnen Familien. Auch sie hatten innerhalb der Kommune festgelegte Aufgaben zu übernehmen und bestimmte Zwecke zu erfüllen. Die wichtigste Erfahrung der Kinder und Jugendlichen bestand unter diesen Bedingungen in ihrer eigenen Zweckdienlichkeit. Ein jeder war und erlebte sich als ein kleines Rädchen in einem Getriebe, das sich zur Bewältigung der Probleme, die das Leben in der jeweiligen Kommune bestimmten, selbst optimiert hatte. Es lief, wie es lief, und solange die Probleme, mit denen sich eine Kommune konfrontiert sah, nicht für immer gelöst werden konnten, war eine Änderung der eigenen Rolle nicht in Sicht. So lange konnte sich auch kein anderes Selbstverständnis und Selbstbild herausbilden.

Immerhin: Jeder hatte das Gefühl, dazuzugehören, einen bestimmten Platz in der Gemeinschaft einzunehmen und eine gewisse Bedeutung zu besitzen. Es gab nur wenig Freiräume und kaum einen Grund, sie einzufordern. Denn ohne die familiäre und kommunale Problembewältigungsgemeinschaft war der Einzelne verloren. Von klein an hatte sich jeder in das zu fügen, was ja ohnehin nicht zu ändern war.

Und zufrieden war, wer sich damit begnügte. Diese Art des Zusammenlebens blieb, solange es immer wieder gelang, die anstehenden Probleme einigermaßen zu bewältigen, außerordentlich stabil. In manchen Bereichen bestimmt sie – oder besser: die damals entstandene und transgenerational überlieferte Beziehungskultur – noch heute die Art des Zusammenlebens in unseren dörflichen und städtischen Gemeinschaften.

Die Kommune als Besitzstandswahrungsgemeinschaft

In jeder Kommune, die ihre eigene innere Struktur und Organisation an den Notwendigkeiten der Bewältigung ihrer jeweiligen Probleme orientiert, kommt es zwangsläufig zu Entwicklungen, die sie in die Lage versetzt, diese Probleme auch immer besser zu lösen. Erfindungen werden gemacht, Lösungen aus anderen Kommunen übernommen, neue Ressourcen erschlossen. All das trägt dazu bei, dass vieles von dem, was für diese Kommune bisher ein Problem war, irgendwann keines mehr ist oder nur noch ein kleines oder eines, das nur noch sehr selten auftritt. Man nennt es Fortschritt: eine Entwicklung, von der alle profitieren, wenn auch einige Mitglieder oder Familien der eigenen Kommune mehr als andere. Mit dem Wegfall der bisherigen Probleme wird naturgemäß das Leben in dieser Kommune leichter. Und es werden nun zunehmend Ressourcen frei, die bisher in die Problembewältigung geflossen sind. Auch davon profitieren alle, die einen mehr, die anderen weniger. Die betreffenden Kommunen werden reicher, manche sehr schnell, andere langsamer. Aber es geht irgendwie für alle spürbar voran. Der Besitzstand, das materielle Hab und Gut der Kommune und ihrer Mitglieder, vermehrt sich, bei manchen erheblich, bei anderen weniger.

Und diese Besitzstände gilt es fortan zu bewahren. Damit wird nun, nach der erfolgreichen Bewältigung der bisher primär von außen kommenden Probleme, etwas zur zentralen Herausforderung dieser Kommunen, was von innen kommt. War man früher froh, irgendwie gemeinsam überleben zu können, so beginnt man sich jetzt dafür zu begeistern, all das festzuhalten und festzuschreiben, durch Regeln und Gesetze, durch Vorschriften und Erlässe zu bewahren, was einem gehört – der ganzen Kommune und ihren einzelnen Mitgliedern. Und neben diesem ganzen Hab und Gut gewinnt nun auch all das an Bedeutung, was entscheidend dazu geführt hat, dass diese Besitztümer überhaupt entstanden sind. Das sind nicht nur all jene Regeln und Vorschriften, Verwaltungsstrukturen und Organisationsformen innerhalb der Kommune, die diesen Fortschritt begünstigt hatten, sondern auch die gemeinsamen Ideen und Vorstellungen, die inneren Einstellungen und Haltungen, mit denen die besonders erfolgreichen Kommunen und ihre Mitglieder diesen Wohlstand geschaffen haben.

Auch die geistigen Werte sind nun auf einmal Besitztümer, die es zu bewahren gilt. Dieses geistige Hab und Gut muss oft genug sogar noch vehementer verteidigt werden als Haus und Hof und alles, was darin enthalten ist. Jetzt geht es um die Sicherung von Positionen, nicht mehr um die Lösung gemeinsamer Probleme. Diese Art von Beziehungsgestaltung gilt nicht nur für ganze Kommunen, sondern auch für ihre einzelnen Mitglieder und deren Familien. Je größer der Besitzstand, desto stärker die Bemühungen, ihn zu wahren.

Und diejenigen, die in solche Familien und Kommunen hineinwachsen, machen dann eben auch und zum Teil sogar sehr früh die Erfahrung, dass es offenbar wichtiger ist, seine eigenen Positionen zu bewahren, als gemeinsam irgendwelche Probleme zu lösen. Aus dieser Erfahrung wird dann allzu leicht eine fest in ihrem Frontalhirn verankerte innere Einstellung und Haltung. Eben die von Besitzstandswahrern – eine Haltung, die zwangsläufig die Art der Beziehungen bestimmt, die sie mit anderen

Mitgliedern ihrer Familie, ihrer Peergroup und ihrer Kommune eingehen.

Immer früher verlieren deshalb diese Kinder dann ihre angeborene Offenheit. Sie versuchen, sich durch die Abwertung anderer selbst zu stärken, und passen ständig auf, dass ihnen nichts weggenommen wird. Mit Andersdenkenden wollen sie nichts zu tun haben; sie versammeln sich in Gruppen Gleichgesinnter und versuchen, festzuhalten und zu sichern, was sie für wichtig halten. Je früher sie damit beginnen, desto effizienter werden die Strategien in ihrem Gehirn gebahnt, die sie zum Erreichen dieses Ziels entwickeln, und desto schwerer fällt es ihnen als Erwachsenen, ihre einmal entwickelte Haltung eines Besitzstandswahrers wieder abzulegen. Ihnen ist das Festhalten an dem, was sie haben, wichtiger als die Entfaltung all dessen, was aus ihnen werden könnte. Sie haben ihre Lebendigkeit verloren. Wenn sie die Beziehungskultur einer Kommune bestimmen, verliert die ganze Gemeinschaft ihre Vitalität, wird auch sie zu einer Besitzstandswahrungsgemeinschaft.

Ansätze zur Revitalisierung des kommunalen Zusammenlebens

Der Entwicklungsweg einer Kommune von einer Lebensbewältigungsgemeinschaft hin zu einer Besitzstandswahrungsgemeinschaft führt also zwangsläufig zur Herausbildung bestimmter Formen des Zusammenlebens und der Beziehungen. Damit einhergehend kommt es zur Herausbildung und Optimierung von Regeln und Vorschriften sowie zur Schaffung von Verwaltungsstrukturen, die dazu dienen, genau das zu gewährleisten, was die Mitglieder der betreffenden Kommune als Zweck und Ziel ihres Zusammenlebens bewusst oder unbewusst zu erreichen versuchen: Zunächst geht es dabei um die Erleichterung ihres Lebens, um den Schutz vor Bedrohungen und um Unterstützung bei der eigenen Lebensbewältigung. Ist dies einigermaßen erreicht, gilt es primär, die individuellen und kollektiven Besitzstände in Form materieller wie auch geistiger Güter und des sich daraus ergebenden sozialen Ansehens zu sichern und zu mehren: Es geht um die Vergewisserung eigener Bedeutsamkeit.

Die jeweils angestrebten Ziele bestimmen also die Art und Weise des Zusammenlebens der Mitglieder einer Kommune: Das Leben der einzelnen Mitglieder wird immer bequemer, oder ihr jeweiliger Besitz wird immer besser gesichert. Dieses Streben nach Bequemlichkeit oder Besitzstandswahrung hat einen entscheidenden Nachteil, der über kurz oder lang in jeder Kommune zu einem Problem wird: Beide Intentionen begünstigen nur solche Veränderungen, die dazu führen, dass in einer Kommune vor allem das weiter verstärkt und verbessert wird, was entweder dem einen oder dem anderen Zweck dient. Was hier also zwangsläufig versucht wird, ist in Wirklichkeit gar keine Weiterentwicklung, sondern nur die Bewahrung oder Verbesserung dessen, was auch bisher schon versucht worden ist. Und zwar nach dem Motto »noch mehr vom Alten«. Es mag sein, dass damit auch mehr – mehr Bequemlichkeit beziehungsweise »Lebensqualität« oder die Ausdehnung und Vermehrung von Besitzständen – erreicht wird, dass folglich ein Dorf oder eine Stadt immer schöner wird, ein immer bequemeres Leben bietet oder auch immer wohlhabender wird. Aber das bedeutet nicht, dass sich eine solche Kommune wirklich verändert, dass sie innovative und kreative Lösungen findet, um sicherzustellen, dass sie den sich ändernden Erwartungen, Wünschen und Bedürfnissen ihrer Mitglieder und den sich ändernden Verhältnissen und Gegebenheiten eines sich ständig verändernden Umfeldes gewachsen ist. So weiterzumachen wie bisher, nur noch besser, noch effizienter, noch wirksamer, ist keine besonders zukunftsfähige Strategie. Sie wird sogar zu einer Gefahr, wenn sich die Welt außerhalb der Kommune so schnell verändert, wie das gegenwärtig der Fall ist.

Wenn sich die Welt, in die eine Kommune eingebettet ist, zu verwandeln beginnt, wenn das Alte dort seinen Wert verliert und neue Maßstäbe und Erwartungen an das Leben gestellt werden, reicht es nicht, wenn eine Kommune all das, was sie bisher gemacht hat, einfach nur immer besser zu machen versucht. Dann müsste sie es anders machen. Dann verwandelt sich die Notwendigkeit zur Veränderung in die Notwendigkeit einer eigenen Verwandlung. Dann ist nicht nur eine Verbesserung der bisherigen Beziehungskultur erforderlich. Dann wird ein Wandel dieser bisherigen Beziehungskultur zur einzigen tragfähigen Lösung. Ein solcher Kulturwandel fällt allerdings umso schwerer, je länger und »erfolgreicher« eine Kommune mit ihren bisherigen Strategien der »Verbesserung der Lebensqualität« und der Besitzstandswahrung bereits unterwegs war.

Damit sich die unter diesen Bedingungen herausgebildeten alten Denk-, Fühl- und Verhaltensmuster verändern, brauchen die Menschen keine Krisen, auf die sie in ihrer Not nur nach dem Motto »noch mehr vom Alten« reagieren. Sie müssten vielmehr in eine Situation geraten, die sich nicht durch die Wiederherstellung eines alten Gleichgewichts lösen lässt. In dieser Situation befindet sich unsere gesamte gegenwärtige westliche Gesellschaft. Sie ist dadurch gekennzeichnet, dass die Menschen immer deutlicher spüren, dass ihr Bedürfnis nach Verbundenheit einerseits und nach Autonomie und Freiheit andererseits nicht dadurch gestillt werden kann, dass entweder mehr getan wird, um ihr Gefühl von Verbundenheit zu stärken, oder aber versucht wird, ihre Möglichkeiten zu einer freien, selbstbestimmten Lebensführung zu verbessern. Sie brauchen beides: Verbundenheit und Freiheit.

Und wenn sich beide Bedürfnisse nicht gleichzeitig stillen lassen, erleben sie sich als gefangen in einem Dilemma. Das ist nicht lebensbedrohlich, das löst noch nicht einmal eine Angstreaktion aus. Damit kann man sogar noch eine Zeitlang einfach so weitermachen wie bisher. Aber es macht eben keine Freude, es ist nicht erfüllend. Je stärker man mit anderen verbunden ist, desto mehr fühlt man sich dadurch in seiner Freiheit eingeschränkt. Und je freier und unabhängiger man sein Leben gestaltet, desto mehr verliert man die Verbundenheit mit den anderen.

Beides ist schmerzhaft, deshalb nennen wir das eine Gefühl ja auch Fernweh und das andere Heimweh. Zwischen beidem hin- und hergerissen zu sein, ist ein Dilemma. Und lösen lässt es sich eben nicht durch noch mehr Verbundenheit oder noch mehr Freiheit, sondern nur durch den Aufbau einer Beziehung zu anderen Menschen, in der man sich gleichermaßen verbunden wie auch frei fühlt. Aber dazu ist eine Transformation der bisher herrschenden Beziehungskultur nötig.

So schwer ist diese Transformation nicht, denn wir alle sind ja bereits mit der Erfahrung auf die Welt gekommen, dass es möglich ist, gleichzeitig aufs Engste mit einem anderen Menschen verbunden und doch jeden Tag ein Stück über sich hinausgewachsen zu sein. Wir müssten also eigentlich nur etwas wiederfinden und in unseren Kommunen wiederherstellen, was wir im Taumel der ständigen Bewältigung von Problemen und Krisen verloren haben: den Mut, unser Zusammenleben und unsere Beziehungen so zu gestalten, dass sich die in jeder menschlichen Gemeinschaft und in jedem einzelnen Menschen angelegten Potenziale auch wirklich entfalten können. Wir müssten einander einladen, ermutigen und inspirieren, nicht länger das festzuhalten, was wir haben, sondern wieder so zu werden wie damals, als sich jeder von uns auf den Weg ins Leben gemacht hat: mutig, zuversichtlich, offen und vorurteilsfrei, voller Entdeckerfreude und Gestaltungslust, beziehungsfähig und begeistert über die Möglichkeiten, die das Leben bietet. Statt eifrige Besitzstandswahrer zu bleiben, müssten wir uns erneut in die lustvollen Selbstentwickler von einst zurückverwandeln. Aber jetzt, als Erwachsene, reflektiert und bewusst. Mit all den bisher erworbenen Fähigkeiten und all dem Wissen, das wir uns inzwischen angeeignet haben, müssten wir unsere Beziehungen umgestalten und öffnen. So, dass wir nicht länger auf Kosten der anderen leben, sondern mit ihnen gemeinsam.

Tief in unserem Inneren, in den während unserer frühen Kindheit herausgebildeten Hirnstrukturen, ist dieses implizite Wissen, diese damals am eigenen Leib gemachte Erfahrung verankert worden. Auf sie greifen wir zurück, wenn wir uns vorstellen, wie unsere Beziehungen zu anderen Menschen aussehen müssten, damit unsere Freude am Leben und an all dem, was es in der Welt zu entdecken und zu gestalten gibt, nicht länger verdorben wird, sondern wieder wachsen kann.

Wir alle haben irgendwann schon einmal erfahren und gespürt, wie viel Lust auf das Leben und auf die Entfaltung der in jedem von uns angelegten Talente und Begabungen plötzlich wieder in uns geweckt werden kann, wenn ein Funke überspringt, wenn wir jemandem wirklich begegnen und wir zudem spüren, der mag mich auch, der traut mir etwas zu, der ermutigt mich. Wir alle wissen deshalb tief in unserem Inneren nicht nur, dass es geht, sondern auch, wie es geht. Wir wagen es nur nicht, zu viele negative Erfahrungen stehen uns im Weg. Deshalb fällt es uns so schwer, auf andere zuzugehen, deshalb begnügen wir uns mit dem, was wir geworden sind, statt das werden zu wollen, was wir sein könnten. Wir haben den Mut verloren. Der Frontallappen in unserem Gehirn, in dem ursprünglich einmal die innere Einstellung verankert worden war, dass wir die Gestalter unseres Lebens sind, hat sich bei zu vielen unserer Zeitgenossen zu einem Jammerlappen verformt. So funktionieren wir zwar noch, haben auch alles einigermaßen im Griff, aber das, was das Leben ausmacht und unser Zusammenleben bestimmt, ist, gelinde gesagt, suboptimal.

Wir sind uns dessen bewusst, aber uns ist der Glaube verloren gegangen, dass es sich ändern ließe. Dabei haben doch inzwischen sogar die Mediziner herausgefunden, was notwendig wäre, damit Menschen ihre Lust am Leben, ihre Freude an ihrer eigenen Weiterentwicklung wiederfinden und – wenn sie schon krank sind – wieder gesund werden oder – wenn sich noch nicht krank sind – gesund bleiben. »Salutogenetische Grundregeln« nennen sie die drei Voraussetzungen eines jeden Menschen, um bis ins hohe Alter in diesem Zustand zu bleiben, in dem er bereits auf die Welt gekommen ist: als Entdecker und Gestalter, als Potenzialentfalter, als Selbstentwickler.

Nachdem sich die medizinische Wissenschaft im letzten Jahrhundert im Wesentlichen nur um die Erforschung dessen gekümmert hat, was uns krank macht, sprich »pathogen« ist, beginnen sich nun immer mehr Ärzte mit der Frage zu beschäftigen, was uns Menschen eigentlich gesund erhält, was also »salutogen« ist. Untersuchen lässt sich das, indem man herauszufinden versucht, was diejenigen Personen, die sich schnell von einer Erkrankung erholen, von denjenigen unterscheidet, denen das nicht gelingt und die deshalb sehr lange an derselben Erkrankung leiden.

Die Erkenntnisse, zu denen die Mediziner bei diesen Untersuchungen gelangt sind, entsprechen genau dem, was jeder Mensch im Grunde seines Herzens schon immer gewusst, aber nur selten auch bewusst umzusetzen versucht hat: Damit wir gesund werden und gesund bleiben können, müssten wir unser Zusammenleben so gestalten, dass jeder Mensch zumindest das Gefühl hat, dass er einigermaßen versteht, was um ihn herum vorgeht, warum das, was er erlebt, so ist, wie es ist. Das Wissen und Verstehen allein reicht aber nicht aus. Man müsste das, was man verstanden hat, selbst irgendwie beeinflussen und mitgestalten können. Aber auch dies bleibt unvollkommen und nutzlos, würde man nicht das, was man verstanden hat und zu gestalten imstande ist, auch irgendwie als bedeutsam und sinnhaft empfinden.

Für das Zusammenleben der Mitglieder einer Kommune heißt das, dass sie eine Vorstellung davon entwickeln müssten, wozu sie eigentlich in dieser Gemeinschaft leben. Wofür sie in dieser Gemeinschaft unterwegs sind, was sie alle gemeinsam anstreben wollen, was also der Sinn ihres Zusammenlebens ist und welche Bedeutung jedes einzelne Mitglied von ihnen für die Gestaltung und Weiterentwicklung dieses Zusammenlebens hat.

Diese salutogenetischen Grundregeln muss man freilich nicht einhalten, wenn man mit anderen zusammenlebt.

Will man aber dabei gesund bleiben, so wäre es günstig, wenn das Leben dort als verstehbar, als gestaltbar und als sinnhaft empfunden wird. Und will man nicht mit lauter unzufriedenen, mehr oder weniger kranken Leuten zusammenleben und – angesichts all dieser ungesunden Einflüsse – selbst unzufrieden und krank werden, sollte man sich vielleicht doch darum bemühen, dass die anderen Mitglieder das Leben in dieser Kommune ebenso als verstehbar, gestaltbar und sinnhaft empfinden.

In jeder Kommune gibt es mehr Mitglieder, als man das auf den ersten Blick vermutet, die schon seit Langem wissen, was die Mediziner jetzt endlich auch herausgefunden haben. Und immer mehr versuchen bewusst oder unbewusst, das Zusammenleben der Menschen in ihrer jeweiligen Kommune so zu gestalten, dass diese salutogenetischen Prinzipien dort auch spürbar werden. Was sie aus diesem Bemühen heraus initiiert und vielfach auch schon erfolgreich etabliert haben, sind also salutogenetische Ansätze zur Revitalisierung des kommunalen Lebens.

Dazu gehört nicht nur all das, was zu einer verbesserten Kommunikation innerhalb einer Kommune beiträgt: Mitteilungsblätter der Gemeinde, Öffnung von Entscheidungsgremien für interessierte Bürger, Nutzung moderner Medien zur Bürgerinformation, Schaffung von Foren für Austausch und Kommunikation und vieles mehr. Dazu gehört auch das deutlich spürbare Bemühen vieler Kommunen um eine Verbesserung der Bürgerbeteiligung bei der Planung und Umsetzung kommunaler Vorhaben. In immer mehr Bereichen des kommunalen Lebens werden Möglichkeiten für ein aktives Engagement der Bürger geschaffen. Es geht dabei nicht nur um die Förderung und Unterstützung ehrenamtlicher Tätigkeiten, sondern auch um die Schaffung günstigerer Voraussetzungen für die aktive Teilnahme der Mitglieder an kommunalen Vorhaben.

Ebenso wird die Frage der Sinnhaftigkeit und der Bedeutung des kommunalen Zusammenlebens in vielen Städten und Gemeinden häufiger und deutlicher als noch vor einigen Jahren gestellt und gemeinsam diskutiert. Dabei geht es inzwischen immer stärker um die Suche nach der Identität einer Kommune, um das, was sie auszeichnet, was sie zu einer besonderen Gemeinschaft macht, in der die Mitglieder gern beheimatet sind. Es wird also gefragt, was die Anziehungskraft einer Kommune ausmacht und wie diese Attraktivität weiter gestärkt werden kann.

Die interessantesten Ansätze zur Revitalisierung des kommunalen Lebens sind aber nicht diejenigen, die entweder auf eine Verbesserung der Kommunikation und Mitbeteiligung der Bürger oder der Bedeutsamkeit der Kommune abzielen.

Dort wird ja nur versucht, entweder das Gefühl der Verstehbarkeit oder das Gefühl der Gestaltbarkeit oder das Gefühl der Sinnhaftigkeit des Zusammenlebens der Mitglieder einer Kommune zu verbessern. Wesentlich interessanter und in ihrer Wirksamkeit auch nachhaltiger und effektiver sind all jene Ansätze, die das Gefühl der Zugehörigkeit und der Bedeutsamkeit der Mitglieder einer Kommune stärken und als Nebeneffekt zwangsläufig zu einer Verbesserung von Verstehbarkeit, Gestaltbarkeit und Sinnhaftigkeit des kommunalen Zusammenlebens beitragen.

Erreicht werden kann das durch die Schaffung von Gelegenheiten und Räumen für Begegnungen und Austausch, für gemeinsames Tun und Erleben, für gemeinsames Entdecken und Gestalten, und zwar nicht nur für bestimmte Schichten, Interessen oder Altersgruppen, sondern schichten- beziehungsweise herkunftsübergreifend, wie auch interessen- und altersübergreifend.

Die inzwischen in zahlreichen Kommunen entstandenen Mehrgenerationenhäuser können zu solchen Erfahrungsräumen werden, in denen eine Kultur des Voneinander-Lernens und Miteinander-Gestaltens entstehen kann. Gelingen wird das allerdings nur dann, wenn sie nicht als Einrichtungen zur Alten- und Kinderbetreuung oder zu Sammelstellen sozialer Unterstützungs- und Beschäftigungsmaßnahmen und -angebote funktionalisiert werden. Da sich diese Mehrgenerationenhäuser aber irgendwann selbst finanzieren müssen, ist ihre zunehmende Ausrichtung auf ein wertschöpfendes Dienstleistungsangebot zwangsläufig vorprogrammiert. Dann sind sie funktionalisiert.

Weniger leicht für bestimmte Zwecke funktionalisierbar ist die Öffnung von Kindergärten und Schulen. Bei diesem Ansatz sind Kinder und Jugendliche eingeladen, in ihren Kommunen zu entdecken, was es dort alles zu entdecken gibt, zu gestalten, was es dort alles zu gestalten gibt, und sich in ihrer Kommune um all das zu kümmern, was ihnen am Herzen liegt. Begleitet werden sie dabei von ihren Erziehern und Lehrern, aber vor allem von Bürgern, die über besondere Fähigkeiten und Fertigkeiten oder über spezielles Wissen verfügen und Freude daran haben, den Kindern dieses Wissen zur Verfügung zu stellen und ihnen mit ihren Kompetenzen bei der Umsetzung solcher Vorhaben zur Seite zu stehen.

Dieser Ansatz ist deshalb so vielversprechend, weil er die Kinder und Jugendlichen selbst zu Akteuren macht. Mit der ihnen eigenen Vitalität, ihrer Begeisterungsfähigkeit und Kreativität können sie selbst einen entscheidenden Beitrag zur Revitalisierung des kommunalen Lebens leisten. Vielleicht finden sie kreative Lösungen für kommunale Vorhaben, die in alten Denkmustern stecken geblieben sind, vielleicht kümmern sie sich um kommunale Probleme, für die sich bisher niemand zuständig fühlte. Vielleicht gründen sie Unternehmen oder Genossenschaften, die sogar neue Perspektiven für die wirtschaftliche Entwicklung der Kommune eröffnen, auf die bisher aber noch niemand gekommen ist. Vielleicht machen sie sich als Schatzsucher auf den Weg, um nach etwas zu suchen, was in ihrer Kommune verborgen ist, was aber bisher niemand gesehen hat. Vielleicht werden sie zu Botschaftern einer neuen Beziehungskultur, organisieren Foren und Begegnungen für all jene, die sich bisher lieber aus dem Weg gegangen sind. Vielleicht gründen sie einen Zirkus, spielen Theater, bauen einen Streichelzoo …, wer weiß.

Man müsste die in eine Kommune hineinwachsenden Kinder und Jugendlichen nur endlich einladen, sie ermutigen und kompetent begleiten, um herauszufinden, wozu sie wirklich in der Lage sind, wenn ihnen Gelegenheit geboten wird, Verantwortung zu übernehmen und zu zeigen, was sie können.

Inzwischen gibt es die ersten Kommunen, die diesen Ansatz verfolgen. Am weitesten entwickelt ist dieses Modell in Thüringen im Rahmen der vom dortigen Kultusministerium getragenen und unterstützten Initiative »Neue Lernkultur in Kommunen« *(www.nelecom.de)*.

III. Was aus unseren Kommunen werden könnte

Das Erfolgsmodell individualisierter Gemeinschaften

Jeder, der sich heute in seiner Kommune umschaut, wird schnell bemerken, dass die Entfaltung der hier angelegten Potenziale durchaus noch nicht dort angekommen ist, wo sie einmal ankommen könnte. »Der Übergang vom Affen zum Menschen sind wir.« Mit dieser knappen Feststellung hat bereits Konrad Lorenz sehr bildhaft den gegenwärtigen Stand unseres Entwicklungsprozesses beschrieben: Wir beginnen zu ahnen, was aus einer Kommune werden könnte. Gleichzeitig schleppen wir aber noch immer eine Vielzahl unterschiedlicher, aus unserer Vergangenheit mitgebrachter und fest im Hirn verankerter Vorstellungen mit uns herum. Obgleich wir wissen, dass wir die Probleme, die wir mit diesen alten, unser bisheriges Denken, Fühlen und Handeln bestimmenden

Vorstellungen erzeugt haben, nicht mit denselben Vorstellungen lösen können.

Aber diese alten, von unseren jeweiligen Vorfahren entwickelten und über Generationen hinweg erfolgreich benutzten Welt-, Feind- und Menschenbilder haben sich tief in die Gehirne aller Nachkommen eingegraben. Sie sind noch immer so fest im kollektiven Gedächtnis verankert und werden durch Gesetze, Glaubens- und Verhaltensregeln und Vorschriften so stark gefestigt, dass sie die inzwischen notwendige, über alle Unterschiede hinausgehende, gemeinsame Suche nach Lösungen bis heute weitgehend verhindern.

Jede Veränderung beginnt im Kopf

Es ist schwer, diese alten Vorstellungen loszuwerden. Schließlich haben die Menschen verschiedener Herkunft ihre teilweise sehr unterschiedlichen Vorstellungen über Generationen hinweg als gemeinsame, familien-, gruppen-, schichten- und kulturspezifische innere Orientierungen erfolgreich zur Organisation ihres Zusammenlebens und zur Gestaltung ihrer jeweiligen Lebenswelten genutzt. Getragen und geleitet von diesen Vorstellungen, wurden zum Teil sehr unterschiedliche familien-, gruppen-, schichten- und kulturspezifische Lebensbedingungen geschaffen, die nun ihrerseits wieder zur Stabilisierung und Aufrechterhaltung der ihnen zugrunde liegenden Vorstellungen beitragen.

»Und wenn sie nicht gestorben sind, dann leben sie noch heute ...« Glücklicherweise enden so nur die Märchen. Im tatsächlichen Leben bestimmen die Vorstellungen, Ziele und Orientierungen, mit denen sich Menschen gemeinsam auf den Weg machen, ja lediglich die Richtung, die sie einschlagen. Was sie bei dem Versuch, in eine bestimmte, von irgendwelchen Vorstellungen geleitete Richtung voranzuschreiten, tatsächlich anrichten, auf welche konkrete Weise und in welchem Ausmaß sie ihre bisherige Lebenswelt verändern, hängt von dem jeweiligen Wissen, den Fähigkeiten und Fertigkeiten ab, über die sie verfügen und die sie zum Erreichen dieser Ziele einsetzen. Die Orientierung bietenden Vorstellungen von Familien, Sippen oder Kulturgemeinschaften bleiben oft über Generationen hinweg so, wie sie einmal waren. Die einer Gemeinschaft zur Verfügung stehenden Kenntnisse, ihre Fähigkeiten und Fertigkeiten wachsen jedoch ständig weiter. Das Wissen vermehrt sich, die Fähigkeiten werden erweitert, die Fertigkeiten vervollkommnet. Dieses Wachstum vollzieht sich in unterschiedlichen Gemeinschaften in Abhängigkeit von der jeweiligen Ausgangssituation – also dem bis dahin erreichten Wissensstand und den bis dahin bereits entwickelten technischen Möglichkeiten – unterschiedlich rasch und erstreckt sich – in Abhängigkeit von der jeweiligen Zielorientierung – auf ganz bestimmte Bereiche. Aber die Folgen des unvermeidlichen Erkenntniszuwachses und des damit einhergehenden technologischen Fortschritts sind immer und überall gleich: Das neu hinzugekommene Wissen und die neu erlangten Fähigkeiten passen über kurz oder lang nicht mehr zu den alten tradierten Vorstellungen und den daraus abgeleiteten Orientierungen. Die alten Ideen müssen erweitert und die Ziele müssen neu definiert werden. Wenn ein Orientierung bietendes Ziel einigermaßen klar umschrieben ist und der betreffenden Gemeinschaft als deutliches inneres Bild vor Augen steht, führen der technische Fortschritt und die gemeinsame Anstrengung dazu, dass dieses Ziel über kurz oder lang auch wirklich erreicht wird.

Dann freilich hat die betreffende Gemeinschaft ihre gemeinsame bisherige Orientierung verloren. Gleichzeitig verursacht aber der Einsatz neuer, effizienterer Technologien zwangsläufig eine Reihe weiterer, zunächst nicht beabsichtigter und auch nicht vorausgesehener Veränderungen der bisherigen Lebenswelt. Diese treten nun auch auf kommunaler Ebene als neue Probleme zutage und müssen ebenfalls gelöst werden. Zu diesem Zweck werden neue Vorstellungen entwickelt, neue Ziele definiert und neue Visionen entworfen, die fortan ihrerseits als neue innere Orientierungen die weitere Entwicklung der betreffenden Gemeinschaft und der von ihr zum Erreichen dieser Ziele eingesetzten Mittel und Technologien bestimmen. Abermals kommt es nun zu erneuten, zunächst nicht bedachten oder nicht vorausgesehenen Veränderungen der bisherigen Lebenswelt und damit zu neuartigen Problemen, die ihrerseits gelöst werden müssen ... und so geht es weiter, bis die betreffende Gemeinschaft schließlich irgendwann nur noch mit der Behebung der von ihr selbst erzeugten Probleme befasst ist. Auf dieser Stufe ist unsere gegenwärtige Gesellschaft und sind damit auch unsere Kommunen inzwischen angekommen.

Je zahlreicher und verschiedenartiger diese Probleme in einer Gemeinschaft werden, desto stärker wächst auch die Gefahr der Auflösung ihrer sozialen Strukturen aufgrund eines fortschreitenden Verlustes zusammenhaltender, ihre innere Organisation und Ordnung lenkender, Orientierung bietender innerer Bilder. Wenn dieser Zustand erreicht ist, kann die betreffende Gemeinschaft dem drohenden Kollaps nur durch drei unterschiedliche Strategien begegnen: Sie kann erstens versuchen, ein ganz bestimmtes Problem aus der Vielzahl der tatsächlich vorhandenen Probleme herauszugreifen und in den Mittelpunkt aller gemeinsamen Anstrengungen der Mitglieder dieser Gemeinschaft zu stellen. So wird eine neue Orientierung in Form einer gemeinsamen Vorstellung zur Lösung genau dieses Problems geschaffen. Mit dieser Strategie lässt sich die drohende Auflösung der Gesellschaft jedoch allenfalls eine Zeitlang aufhalten, aber nicht dauerhaft verhindern. Das Gleiche gilt auch für die zweite Strategie. Sie erschöpft sich in dem Versuch, zu expandieren, also die Lösung der selbst erzeugten Probleme auf eine immer größer werdende Gemeinschaft zu verteilen und die dort noch vorhandenen unterschiedlichen Ressourcen zur Lösung oder Abschwächung ebendieser Probleme zu nutzen. Auch das haben viele Kommunen durch Zusammenschlüsse und die Schaffung regionaler Verwaltungsgemeinschaften versucht.

Die dritte Strategie ist die schwierigste, aber dafür die einzige, die Stabilität, Wachstum und Weiterentwicklung dauerhaft ermöglicht. Sie ist aber auch die banalste: Es ist der Versuch, eine gemeinsame, für alle in einer Kommune lebenden Menschen gleichermaßen gültige und attraktive Vision zu schaffen, ein im Gehirn aller Mitglieder verankertes inneres Bild zu erzeugen. Ein Bild, das zum Ausdruck bringt, worauf es im Leben, im Zusammenleben und bei der Gestaltung der gemeinsamen Lebenswelt wirklich ankommt: auf Vertrauen, auf wechselseitige Anerkennung und Wertschätzung, auf das Gefühl und das Wissen, aufeinander angewiesen, voneinander abhängig und füreinander verantwortlich zu sein.

Erstmals im Verlauf der Menschheitsgeschichte gewinnt eine solche gemeinsame Vision auch auf globaler Ebene gegenwärtig schemenhafte Konturen. Erstmals wird uns bewusst, dass wir alle im gleichen Boot sitzen und dass wir in einer Welt begrenzter Ressourcen nicht ständig mehr Energie und Rohstoffe verbrauchen können, dass unser fossiles Zeitalter zu Ende geht und in Zukunft nur noch eines wachsen kann: die Intensität unserer Beziehungen, das Gefühl von Verantwortung, das Ausmaß an Selbsterkenntnis und das Verständnis unserer eigenen Eingebundenheit in den Prozess der Evolution des Lebendigen, der bis hierher auf unserem Planeten stattgefunden und uns hervorgebracht hat.

Die Kommune als individualisierte Gemeinschaft

Die wichtigste Voraussetzung, die unsere Vorfahren als Hilfestellungen auf diesem Weg für uns bereitgestellt haben, sind die von ihnen gemeinsam über Generationen hinweg geschaffenen und weitergegebenen Kulturleistungen. Die biologischen Voraussetzungen, also die genetischen Anlagen, die es ermöglichen, diese Kulturleistungen hervorzubringen, haben diese Vorfahren nicht selbst geschaffen. Sie haben sie von ihren damals noch ziemlich tierischen Vorfahren übernommen. Dazu zählen vor allem all jene genetischen Anlagen, die die

Herausbildung eines enorm plastischen, zeitlebens umbaufähigen Gehirns ermöglichen. So ein Gehirn hatten die ersten Vertreter unserer Spezies damals auch schon, aber die Erfahrungen, die sie damals in ihren frühen Gemeinschaften machen konnten, waren eben andere Erfahrungen als die, die wir heute in unseren Familien, Kommunen, Ausbildungsstätten, Betrieben und Altersheimen machen. Deshalb haben wir heute auch ein anderes Gehirn. Deshalb denken, fühlen und handeln wir heute anders als sie, und deshalb entfalten wir heute unsere Potenziale anders als sie damals. Aber diese Potenziale konnten damals und können auch heute Menschen nur gemeinsam entfalten. Nicht in ameisenstaatenähnlichen oder herdenartigen oder schwarmähnlichen, sondern in individualisierten Gemeinschaften, in denen es auf jedes einzelne Mitglied ankommt, wo jeder Einzelne die in ihm angelegten besonderen Begabungen entfalten und mit seinen besonderen Fähigkeiten zur Entfaltung der in diesen Gemeinschaften verborgenen Potenziale beitragen kann. Und die Ursprungsform solcher individualisierter Gemeinschaft ist eben nicht die Familie, sondern die Kommune.

Möglicherweise ist es das Geheimnis solcher individualisierter Gemeinschaften, dass sie eine innere Organisation entwickeln, die der des menschlichen Gehirns in vieler Hinsicht sehr nahe kommt. Tatsächlich funktionieren alle nicht durch Zwänge zusammengehaltenen, entwicklungsfähigen Gemeinschaften so ähnlich wie zeitlebens lernfähige Gehirne: Sie lernen durch Versuch und Irrtum, sie entwickeln flache, stark vernetzte Strukturen, sammeln Erfahrungen und passen ihre innere Organisation immer wieder neu an sich ändernde Rahmenbedingungen an. Durch sich selbst optimierende kommunikative Vernetzungen auf und zwischen den verschiedenen Organisationsebenen gelingt es ihnen, nicht nur möglichst rasch und effizient, sondern auch möglichst umsichtig und nachhaltig auf neue Herausforderungen zu reagieren. Und so, wie es Gehirne gibt, in denen die Kommunikation zwischen rechter und linker Hemisphäre und zwischen »oben« und »unten« nicht so recht gelingt, gibt es auch Gemeinschaften mit entsprechenden Blockaden, Abspaltungen, Zwangsstrukturen und eingefahrenen Bahnen. Solche Gemeinschaften mögen zwar noch für gewisse Zeit überleben. Lebendig, flexibel und vor allem kreativ und innovativ sind sie mit Sicherheit nicht.

Und auch in dieser Hinsicht geht es einer Kommune nicht anders als einem Gehirn: Die Vielfalt neuer Ideen, die sie hervorbringt, gibt wie ein Seismograf Auskunft über ihren inneren Zustand. Und der ist in allen Kommunen, die nur noch damit beschäftigt sind, ihre bisher entwickelten Strukturen zu erhalten, offenbar genau so schlecht wie der eines Gehirns, dessen Besitzer im Lauf seines Lebens seine ursprüngliche, angeborene Neugier, Begeisterungsfähigkeit und Gestaltungslust verloren hat.

Mithilfe der sogenannten bildgebenden Verfahren (funktionelle Magnetresonanztomografie) lässt sich nachweisen, dass im Gehirn eines kreativen Menschen gleichzeitig mehr und entfernter voneinander liegende Netzwerke aktiviert werden, wenn er ein bestimmtes Bild betrachtet, einem Gedanken folgt oder ein Problem löst. Hirntechnisch können kreative Lösungen also nur dann gefunden werden, wenn es einem Menschen gelingt, sehr viele, sehr verschiedene und bisher voneinander getrennt abgelegte Wissens- und Gedächtnisinhalte gleichzeitig wachzurufen und die für die Aktivierung dieser Inhalte erforderlichen regionalen Netzwerke auf eine neue Weise miteinander zu verknüpfen. Kreativ sein heißt also nicht in erster Linie, Neues zu erfinden, sondern das bereits vorhandene, aber bisher voneinander getrennte Wissen auf eine neue Weise miteinander zu verbinden. Wer nicht viel weiß, kann daher nur innerhalb dieser engen Wissensgrenzen kreativ sein.

Für jeden Menschen heißt das, dass er, um seine Potenziale entfalten und sich weiterentwickeln zu können, auf Begegnungen und Austausch mit anderen Menschen angewiesen ist.

Solche Begegnungs- und Austauschprozesse sind allerdings oft schwierig, vor allem dann, wenn sich die in bestimmten Gemeinschaften lebenden Menschen über längere Zeit voneinander getrennt und unabhängig voneinander entwickelt haben und sie dabei eigene, für die jeweilige Gemeinschaft spezifische Muster und Strukturen herausgebildet haben. So verfügt jede Familie, jede Sippe, jede menschliche Gemeinschaft über ein charakteristisches Spektrum an Signalen, Ausdrucksformen, Verhaltensweisen, Regeln und Vorschriften, Einstellungen und Haltungen, Erfahrungen und Überlieferungen, die das Ausmaß und die Art der Beziehungen bestimmen, die die Mitglieder solcher Gemeinschaften untereinander, zu anderen Gemeinschaften, aber auch zu einzelnen Phänomenen ihrer jeweiligen Lebenswelt einzugehen in der Lage sind. Wer nicht in einer solchen Gemeinschaft aufgewachsen ist und all das nicht erlernt hat, gerät in einer solchen, ihm fremden Gemeinschaft zwangsläufig in Beziehungsschwierigkeiten. Die können in Extremfällen ein Zusammenleben mit diesen anders sozialisierten Menschen unmöglich machen.

Die Begegnung und ein fruchtbarer Austausch zwischen Mitgliedern derartig unterschiedlicher Kulturgemeinschaften wird – ebenso wie im Gehirn – dann möglich, wenn Probleme entstehen, die nur gemeinsam lösbar sind. Oder wenn Aufgaben zu bewältigen sind, die ein

Zusammenwirken aller Beteiligten erforderlich machen und dabei möglichst auch einen überspringenden Funken der Begeisterung erzeugen.

Bisweilen kann eine menschliche Gemeinschaft, ebenso wie ein einzelnes Gehirn, aber so ausgelastet sein, dass alle Drähte im Gehirn in Form von Nervenzellverbindungen und synaptischen Verschaltungen heißlaufen und alle Mitglieder, sprich Nervenzellen, sich bis zur Erschöpfung einsetzen müssen, um alle Aufträge zu erledigen und alle Verpflichtungen zu erfüllen. Für eine kurze Zeit mag das gut gehen, aber auf lange Sicht wird man wohl die Organisation dieser Gemeinschaft verändern müssen. Leider wird aber allzu häufig versucht, die entstandenen Probleme durch Rückgriff auf bisher bewährte Strategien zu lösen und vorhandene Ressourcen noch besser zu nutzen als bisher. Aber überall dort, wo Angst geschürt, Druck gemacht, genau vorgeschrieben und peinlich überprüft und kontrolliert wird, wo Mitdenken nicht wertgeschätzt wird und eigene Verantwortung nicht übernommen werden kann, verliert der Innovationsgeist der Mitglieder einer solchen Gemeinschaft die thermische Strömung, die gebraucht wird, um seine Flügel zu entfalten.

Die meisten Kommunen sind gegenwärtig allerdings noch weit davon entfernt, zu Orten zu werden, an denen die dort lebenden Bürger und vor allem die dort heranwachsenden Kinder und Jugendlichen sich eingeladen, ermutigt und inspiriert fühlen, ihre »Flügel« in Form der in ihnen angelegten Potenziale gemeinschaftlich zu entfalten.

Die meisten Kommunen sind keine Adlerhorste, in denen die Überflieger und Gestalter der gemeinsamen Zukunft heranwachsen, sie gleichen eher Hühnerhöfen, in denen jeder froh ist, wenn er ein Korn findet, und in denen kaum noch jemand bereit oder in der Lage ist, die Kleinen das Fliegen zu lehren.

Wer zu spät aufwacht, verpasst den Anschluss

»Wer zu spät kommt, den bestraft das Leben«, das gilt für jeden Einzelnen ebenso wie für das Gemeinwesen, das Dorf oder die Stadt, also die Kommune, in der wir leben und in der unsere Kinder heranwachsen.

Wenn Sie wissen wollen, wie spät es in Ihrer Kommune bereits ist, fragen Sie einfach die Kinder und Jugendlichen, wer von Ihnen später gern in dem Dorf oder der Stadt bleiben will, in der sie aufgewachsen sind, wer von ihnen nach seiner Ausbildung dort wohnen, arbeiten, eine Familie gründen und Kinder aufziehen möchte. Die Antworten werden Ihnen die Augen für ein Problem öffnen, das Sie lösen müssen, wenn Sie möchten, dass Ihre Kommune eine Zukunft hat: Es gibt wenig Grund zu hoffen, dass vor allem diejenigen, die diese Zukunft gestalten könnten, nach ihrer Ausbildung wieder zurückkommen. Mit anderen Worten, wenn es so weitergeht und nichts getan wird, wird Ihr Dorf oder Ihre Stadt im Verlauf der nächsten Jahrzehnte zu einem Altersheim. Dann würde alles, was Sie mit allen anderen dort geschaffen, wofür Sie sich eingesetzt, was Sie aufgebaut haben, jeden Wert verlieren, sinnlos werden.

Es ist spät, aber vielleicht noch nicht zu spät, um das Ruder noch herumzureißen. Wenn Sie solch einen Kurswechsel versuchen wollen, wird das nur durch den Aufbau einer neuen Beziehungskultur in Ihrer Kommune gelingen. Das müsste eine Beziehungskultur sein, die von gegenseitiger Wertschätzung und Anerkennung der Bemühungen jedes einzelnen Mitbürgers geprägt ist.

Das müsste eine Beziehungskultur sein, die die Anliegen von Kindern und Jugendlichen in den Mittelpunkt aller Überlegungen stellt und alle kommunalen Maßnahmen darauf ausrichtet, der nachwachsenden Generation die Möglichkeit zu bieten, sich mit dem, was in Ihrer Kommune geplant, entschieden und gestaltet wird, zu identifizieren, sich dort beheimatet zu fühlen.

Unter Einbeziehung der kommunalen Bildungseinrichtungen und unter der kompetenten Betreuung durch erfahrene Praktiker müssten Kindern und Jugendlichen vielfältige Aufgaben auf allen Ebenen des kommunalen Lebens geboten werden, an denen sie wachsen, neue Erfahrungen sammeln, Anerkennung finden und zur Bereicherung des sozialen Lebens beitragen können.

IV. Community Education
Ansätze und Strategien zur Herausbildung einer Potenzialentfaltungskultur in Kommunen

Das menschliche Gehirn ist formbarer und passt seine innere Struktur in viel stärkerem Maße an die Art seiner Nutzung an, als das bis vor wenigen Jahren selbst die Hirnforscher für möglich gehalten haben.

Stellen Sie sich eine Gemeinschaft von Menschen vor, deren Leben von Hunger, Not und Elend bestimmt wird, die mit dauernden Überfällen rechnen muss, von Kriegen bedroht ist und die durch Vorschriften und Gesetze, durch Verhaltensmaßregeln, Rituale und Gebote einigermaßen zu überleben imstande ist. Da die meisten Menschen der Erde noch heute unter solchen Bedingungen leben müssen, sind sie gezwungen, ihr Hirn genau so zu benutzen, wie es unter diesen Bedingungen erforderlich ist. Zwangsläufig bekommen sie auch ein entsprechendes, für die Bewältigung all dieser Probleme einigermaßen brauchbares Gehirn.

Wahrscheinlich fällt es ihnen aber etwas leichter, sich eine Gesellschaft vorzustellen, in der Menschen leben, die es mit viel Anstrengung geschafft haben, sich aus diesen Fesseln, Notwendigkeiten und Zwängen einigermaßen zu befreien, deren Leben nicht mehr von Armut und Not, von Krieg und Elend, von Vorschriften und Maßregeln bestimmt wird. Das wäre dann eine Gesellschaft, in der es den Menschen im Grunde recht gut geht, die ihnen die Möglichkeit bietet, ihr Leben weitgehend nach ihren eigenen Vorstellungen zu gestalten.

Da diese Menschen ihr Gehirn dann weitgehend so benutzen können, wie es ihnen gefällt, bekommen sie auch entsprechende Gehirne: Jeder macht damit, was er besonders gut kann oder wonach ihm der Sinn steht. Die Menschen, die das Glück haben, in einer solchen Gesellschaft zu leben, entwickeln dann sehr unterschiedliche Fähigkeiten. Die einen diese, die anderen jene, je nachdem, was jeder besonders gut kann oder wozu ihm besondere Gelegenheit geboten wird. Am Ende hat jeder etwas anderes im Kopf, jeder und jede verfolgt ein anderes Ziel. Es gibt nur noch wenig Gemeinsames, der einstige Zusammenhalt der Gesellschaft schwindet allmählich dahin. Das Zusammenleben der Menschen gestaltet sich immer beschwerlicher. Familien zerfallen, das ganze soziale Gebilde verliert zunehmend an Stabilität. Die Menschen erleben sich als vereinzelt, jeder muss versuchen, sich in der anonym gewordenen Masse irgendwie zu behaupten. Davon wird dann auch das Denken, Fühlen und Handeln der so lebenden Menschen maßgeblich bestimmt. Ihr entsprechend strukturiertes Gehirn ist folglich optimiert für die Durchsetzung eigener Interessen, für die bestmögliche, das heißt auffälligste Darstellung der eigenen Person, für die maximale Verwirklichung der jeweiligen individuellen Interessen und Vorstellungen.

Ahnen Sie schon, wie es weitergeht? Klar, es wird nicht lange funktionieren, wenn jeder all das, was er an Vorstellungen, Ideen und geheimen Wünschen im Kopf hat, im realen Leben auch tatsächlich verwirklichen kann. Dann geht es irgendwann zu wie in dieser Zeitungsmeldung: »Als Elvis Presley 1977 im Alter von 42 Jahren starb, gab es weltweit 48 Elvis-Imitatoren. 1995 waren es schon 7328. Wenn das so weitergeht, ist im Jahr 2012 jeder vierte Erdenbewohner ein Elvis-Imitator, hat Jean Wilson von der Universität Michigan ausgerechnet.«

Aber es geht ja inzwischen noch weiter. Längst ist es nicht mehr nur das reale, komplizierte Leben, in dem man sich mithilfe seines Gehirns zurechtzufinden versucht. Mittels moderner Geräte lässt sich eine gänzlich virtuelle Welt erschaffen, in die man eintauchen und in der man seine Vorstellungen ganz so, wie es einem gefällt, umsetzen, also in Gedanken leben kann.

Ahnen Sie schon, wie das weitergeht? Dass es so gar nicht weitergehen kann. Weil dann bald niemand mehr da ist, der sich um das, was in Ihrer Kommune passiert, kümmert. Und ahnen Sie auch, was dann aus Ihrer Kommune wird? Es wird Zeit, aufzuwachen. Wir sind dabei, genau das zu verlieren, was uns erst zu dem gemacht hat, was wir heute sind: Menschen, die gemeinsam von Generation zu Generation immer wieder ein Stück weit über sich hinausgewachsen sind. Die voneinander gelernt und miteinander eine Lebenswelt geschaffen haben, die es uns ermöglicht hat, bisher ungeahnte, in uns Menschen angelegte Potenziale zu entfalten. Sprache und Kultur, Wissenschaft und Technik zu entwickeln und sogar auf den Mond zu fliegen.

Aber nicht deshalb, weil wir so begabt sind, sondern weil es uns gelungen ist, Bedingungen zu schaffen, unter denen wir diese in uns angelegten Begabungen immer besser entfalten können. Auch als Einzelne, aber immer eingebunden in eine Gemeinschaft. Auch die der Erwachsenen, aber immer mit dem Fokus auf der nachwachsenden Generation. Immer mit dem Bemühen um die Verbesserung der Lebensperspektiven und Entfaltungsmöglichkeiten für die in diese Gemeinschaft hineinwachsenden Kinder. Das war der Grund für das gemeinschaftliche Leben in – und die Voraussetzung für – den Fortbestand von Familien und Kommunen. Das, was heutzutage als »Community Education« bezeichnet wird, war also in Wirklichkeit schon immer das Geheimnis unserer eigenen Erfolgsgeschichte. Es geht dabei um nichts anderes als die Schaffung von Erfahrungsräumen, die es den Kindern und Jugendlichen ermöglicht, sich als ein wichtiges Subjekt dieser Gemeinschaft zu erleben, als jemand, auf den es ankommt, ohne dessen Einsatz, ohne dessen besondere Talente und Begabungen, ohne dessen Wissen und Können diese Gemeinschaft nicht fortbestehen und sich von Generation zu Generation weiterentwickeln, ihre Potenziale als Gemeinschaft entfalten kann.

Community Education ist damit die entscheidende Triebfeder kommunaler Weiterentwicklung. Sie macht die Kommune zur Keimzelle und Übungswerkstatt für die Herausbildung individualisierter Gemeinschaften. Die ersten Kommunen sind dabei, dieses Potenzialentfaltungsinstrument neu zu erfinden. Es wird Zeit, dass wir uns genauer anschauen, wie weit sie bisher auf diesem Weg vorangekommen sind.

Community Education als Konzept

Ebenso wie im Gehirn, wo durch die Erfahrungen, die ein Mensch im Verlauf seines Lebens macht, Strukturen in Form von bestimmten, erfahrungsabhängig herausgeformten Verschaltungsmustern entstehen, bilden sich auch innerhalb menschlicher Gemeinschaften im Lauf der Zeit bestimmte Beziehungsstrukturen heraus. Die können dann in Form von Verwaltungs-, Organisations-, Ordnungs- und Kontrollstrukturen bisweilen so starr werden, dass sie nicht nur jede Weiterentwicklung der betreffenden Gemeinschaft behindern, sondern auch die Denk- und Handlungsmuster der Mitglieder einer solchen Gemeinschaft zunehmend bestimmen. Irgendwann sind sie dann nicht mehr in der Lage, sich vorzustellen, wie ihr Zusammenleben anders als bisher gestaltbar wäre.

Schließlich fehlen ihnen dann nicht selten sogar die Begriffe, um das, was anders sein könnte, in Worte zu fassen. Und weil die Menschen selbst dann, wenn sie spüren, dass sich etwas ändern müsste, auf ihrer Suche nach neuen Konzepten in ihren alten, eingebürgerten Begrifflichkeiten gefangen bleiben, wird auch ihre Vorstellungskraft allzu leicht in die alten Muster zurückgeworfen. Ein typisches Beispiel hierfür sind unsere deutschen Begriffe »Erziehung« und »Bildung«.

Sie stammen aus einer Zeit, in der unsere Vorfahren

noch der Meinung waren, man könne einen anderen Menschen durch den Einsatz bestimmter Verfahren und Methoden so »erziehen« oder »bilden«, wie man das für ihn selbst und für das Zusammenleben innerhalb einer Gemeinschaft für erforderlich hielt. Zwangsläufig machten diese damaligen »Erzieher« und »Lehrer« den zu »Erziehenden« oder zu »Bildenden« zu Objekten der jeweiligen Erziehungs- und Bildungsanstrengungen in den dafür geschaffenen Institutionen. Auch wenn wir heute wissen, dass man niemanden »erziehen« oder »bilden« kann, sondern dass alle Lernprozesse sich im Gehirn des Lernenden selbst vollziehen, dass also jede Bildung nur Selbstbildung sein kann, fällt es uns schwer, diese einmal entstandenen Begriffe von »Erziehung« und »Bildung« mit dem neuen Verständnis zu denken und anders als bisher umzusetzen.

Andere Gemeinschaften haben offenbar andere Erfahrungen gemacht und andere Begrifflichkeiten entwickelt. Das aus dem Lateinischen stammende Wort »educere« und der daraus im englischen Sprachraum abgeleitete Begriff »Education« bietet hier ganz andere Möglichkeiten. Wer diesen Begriff verwendet, geht davon aus, dass man einen anderen Menschen »hinausführen«, ihn mit Kompetenz auf seinem Weg in die Welt und in eine eigenverantwortliche Lebensgestaltung »begleiten« »anleiten«, vielleicht auch »lenken«, nicht aber für bestimmte

Zwecke und nach bestimmten Vorstellungen und unter Einsatz möglichst effizienter didaktischer Verfahren »formen«, »ziehen« oder »bilden« kann.

Deshalb ist der Begriff »Community Education« geeignet, unsere eingefahrenen Denkmuster in Bezug auf das, worauf es für die Entfaltung der Potenziale von Kindern und Jugendlichen, aber auch noch von Erwachsenen ankommt, zu öffnen und in eine neue Richtung zu lenken: Je größer die Zahl derjenigen Personen ist, die vor allem die Heranwachsenden auf diesem Weg begleiten und anleiten, und je unterschiedlicher diese Personen sind, desto größer wird auch das Spektrum von Erfahrungen, von Kompetenzen, von Wissen und Fähigkeiten, das diese Heranwachsenden sich anzueignen imstande sind. Community Education ist also die Voraussetzung dafür, dass Kinder und Jugendliche die in ihnen angelegten unterschiedlichen Begabungen und Talente auch wirklich entfalten können.

Anstatt sie in separaten Einrichtungen nach vorgegebenen Erziehungs- und Bildungsprogrammen zu unterrichten, müssten diejenigen, die diese jungen Menschen begleiten, sich ganz andere Fragen stellen als die, wie sie ihren Lehrplan erfüllen oder welcher Stoff in der nächsten Stunde unterrichtet werden soll:

- Welche kommunalen Themen oder Aufgaben könnten für die Schüler sinnvoll sein und ihnen Gelegenheit zu Lernaktivitäten bieten, die für andere Menschen in der Kommune nützlich sind und die es Schülern ermöglichen, sich für das kommunale Leben und Arbeiten zu engagieren?

- Welcher schulische Lernstoff ließe sich ohne Weiteres mit einem kommunalen Thema oder einer kommunalen Aufgabe verbinden?

- Welche übergreifenden Fragen könnten die Lernaktivitäten der Schüler lenken?

- Welche spezifischen Lernziele oder Lernstandards könnten über ein gewähltes kommunales Thema erreicht werden?

- Auf welche Art und Weise ließen sich wichtige, in der Kommune gemachte Lernerfahrungen überprüfen?

- Welche Partner in der Kommune könnten Sie einladen, damit sie die Arbeit am Thema innerhalb und außerhalb der Schule unterstützen?

- An welchen Feldstudien, Untersuchungen oder anderen Aktivitäten können sich die Schüler in Ihrer Kommune oder Region beteiligen?

- Welche kommunalen Bedürfnisse und Aufgaben lassen sich über Schulprojekte in der Kommune erfüllen?

- Auf welche Art und Weise könnten Sie die Leistungen der Schüler würdigen?

- Wie könnten sich die Schüler innerhalb ihrer Kommune für bestimmte gemeindeamtliche Verwaltungsaufgaben engagieren? Auf welche Weise könnten sie durch Datenerhebungen, Projektberichte oder durch die Organisation öffentlicher Sitzungen und Veranstaltungen partizipieren?

- Welche kreativen und herausfordernden Möglichkeiten in den Bereichen Kunst, Musik, Tanz, Film oder Theater eignen sich zur Bereicherung des kulturellen Lebens in der Kommune? Welche Möglichkeiten eröffnen sich in Bezug auf das spätere berufliche Leben in der Kommune? Wo können Schüler erste berufliche Erfahrungen sammeln?

Solche Fragen öffnen den Blick für ein neues Selbstverständnis von Schule und schulischer Arbeit. Bildung findet nicht in Unterrichtsstunden, sondern in den Köpfen der Schülerinnen und Schüler statt, und die Lernorte der Zukunft sind nicht unsere Schulen und Klassenzimmer, sondern die von uns geschaffenen realen Lebenswelten, in die unsere Kinder und Jugendlichen hineinwachsen.

Community Education als Programm

Der Begriff »Community Education« wird in Deutschland mit »gemeinwesenorientierter Bildung« übersetzt. Ausgehend von unserem gegenwärtigen Verständnis von Bildung wird versucht, Kindern und Jugendlichen entsprechendes Wissen zu vermitteln und sie dazu zu bringen, sich sämtliche Kenntnisse anzueignen, die für das Leben in den jeweiligen Kommunen wichtig erscheinen. Neben diesen gemeinwesenorientierten Bildungszielen geht es dabei aber auch um die strukturelle, soziale und ökonomische Entwicklung der Kommune. Genau aus diesem Verständnis heraus werden schließlich Programme entwickelt, die eine Öffnung der Schule hin zum Gemeinwesen erreichen sollen. Umgekehrt gilt es auch, das Gemeinwesen in die Schule und die schulischen Bildungsprozesse zu integrieren. Initiator solcher Programme sind nur selten die Kommunen selbst. Meist werden diese Programme von übergeordneten Behörden (Land, Bund) oder von überregional operierenden Stiftungen unter Beteiligung entsprechender Experten entworfen, ausgearbeitet und ausgeschrieben. Kommunen können sich dann um eine Teilnahme an diesen Programmen bewerben. Wenn sie als Modellkommunen für die Umsetzung eines solchen Programms ausgewählt werden, erhalten sie eine entsprechende Unterstützung, in der Regel in Form einer anteiligen Finanzierung der zur Umsetzung dieses Programms erforderlichen Projekte und Maßnahmen. Diese Finanzierung endet nach Abschluss der Laufzeit des jeweiligen Programms. Die Weiterführung und Verstetigung solcher Programme ist deshalb meist zwangsläufig von vornherein zum Scheitern verurteilt.

Aufgrund dieser negativen Erfahrungen versuchen die Initiatoren solcher Programme inzwischen, von den betreffenden Kommunen bereits im Rahmen der Ausschreibung tragfähige Konzepte und verlässliche Zusagen über die weiterführende Finanzierung einzufordern. Angesichts der finanziellen Notlagen vieler Kommunen erweisen sich die bei der Bewerbung vorgelegten Finanzierungskonzepte allerdings nicht selten als schwer umsetzbar. So enden viele dieser Programme, ähnlich wie in der Entwicklungshilfe für die sogenannte »Dritte

Welt«, nicht mit den angestrebten nachhaltigen Wirkungen.

Die an der Umsetzung dieser Programme beteiligten, oft sehr engagierten Personen vor Ort erleben sich dann nicht selten als ohnmächtige und hilflose Opfer solcher Abbrüche. Aufgrund der damit einhergehenden Frustrationen verlieren so manche ihr Vertrauen und ihre Bereitschaft, sich an weiteren kommunalen Vorhaben zu beteiligen. Andere machen ihre künftige Mitwirkung an solchen Programmen von verlässlichen, langfristigen vertraglichen Regelungen abhängig, die aber kaum eine Kommune abzuschließen in der Lage ist. All jene Mitglieder der betreffenden Kommunen, die von den befristeten Maßnahmen profitiert hatten, empfinden deren Einstellung als Rückwärtsbewegung einer für sie positiven Entwicklung. Allzu leicht empfinden sie sich dann sogar als mit ihren Problemen nicht mehr hinreichend beachtete und geachtete Mitglieder der betreffenden Kommune. Solche unbeabsichtigten, aber bei zeitlich befristeten Programmen kaum vermeidbaren Nebeneffekte sind fatal. Sie werden selten evaluiert, möglicherweise ist aber der damit einhergehende Schaden und Nachteil für die Kommune größer als der während ihrer Umsetzung erreichte Nutzen.

Das gilt für alle von außen an eine Kommune herangetragenen oder einer Kommune angebotenen kommunalen Entwicklungsprogramme, die zeitlich begrenzt sind und deren Weiterfinanzierung aus der Kommune heraus nicht gewährleistet werden kann. Besonders fatal aber sind diese unbeabsichtigten Nebenwirkungen und Spätschäden bei all jenen Programmen, die auf eine Verbesserung der »gemeinwesenorientierten Bildung« von Kindern und Jugendlichen abzielen.

Was für eine Erfahrung ist es, die ein Schüler machen muss, der sich im Rahmen eines solchen Programms gemeinsam mit anderen um den Aufbau eines Theaters, eines Umweltzentrums, eines Literaturklubs oder einer Computerwerkstatt in seiner Kommune gekümmert hat und der nun mitgeteilt bekommt, dass das Programm beendet wird, weil kein Geld für die Weiterarbeit mehr da ist?

Vielleicht ist es einer Schule im Rahmen eines solchen Programms tatsächlich gelungen, ein Schülerunternehmen zu gründen. Vielleicht gelang es, Menschen aus der Kommune, die etwas Besonderes können und machen, Bildhauer, Maler, Unternehmer, Schriftsteller, Journalisten oder solche, die etwas Besonderes erlebt und erfahren haben, ehemalige Häftlinge etwa oder Kriegsopfer, Mitbürger aus anderen Kulturen, in die Schule hineinzuholen, damit sie ihre besonderen Fähigkeiten, ihr Wissen und ihre Erfahrungen mit den Schülern teilen.

Wie geht es diesen Schülern, die all das von externen

Personen in die Schule Gebrachte nun von heute auf morgen nicht mehr erleben können? Was Menschen, vor allem junge Menschen, prägt, ist nicht das Wissen, das sie sich aneignen, sondern die Erfahrungen, die sie machen oder zu machen gezwungen sind. Günstige Erfahrungen verdichten sich in ihrem Frontalhirn zu günstigen inneren Einstellungen und Haltungen.

Wenn Menschen, insbesondere junge Menschen, aber die Erfahrung machen müssen, dass sie von noch so gut gemeinten Programmen eine Zeitlang bei der Entfaltung ihrer Talente und Begabungen und bei der Verfolgung ihrer Interessen unterstützt, aber nach Beendigung des betreffenden Programms wieder alleingelassen, zurückgeworfen und in ihren Bemühungen nicht weiter gefördert werden, so ist das eine sehr ungünstige Erfahrung. Die sich daraus in ihrem Frontalhirn herausbildende und verfestigende Haltung ist fatal.

Community Education als Projekt

Meist bestehen kommunale Entwicklungs- und Bildungsprogramme aus einzelnen Projekten, die dann als konkrete Maßnahmen auf kommunaler Ebene umgesetzt werden.

Im Rahmen der gegenwärtig in Deutschland durchgeführten kommunalen oder gemeinwesenorientierten Bildungsprojekte wird angestrebt, neue Lernräume und Lernmöglichkeiten innerhalb einer lokalen Einheit (Sozialraum, Kommune, Kreis, Ortschaft oder Stadtteil) zu schaffen, die außerhalb gängiger Lernorte, wie Kindergarten oder Schule, angesiedelt sind. Die Zielgruppe sind dabei Kinder und Jugendliche, die in Schulen und Kindergärten durch die Umsetzung von Projekten Teil eines kommunalen Lernprozesses werden. Meist wird dabei angestrebt, Kinder und Jugendliche in lokale Entscheidungsprozesse zu involvieren und ihnen dabei die Erfahrung demokratischer Partizipation zu ermöglichen. Ein mittelfristiges Ziel vieler Projekte ist es, strukturelle Veränderungen im Angebot des schulischen Lernens zu erreichen, und zwar durch Maßnahmen, die in Schulen und Kindergärten gemeinwesenorientierte Bildung umsetzen, wobei die betreffenden Kommunen einen aktiven Anteil an der Umsetzung dieses Bildungsansatzes übernehmen.

Die nachhaltige Einbeziehung kommunaler Strukturen zur Erweiterung der Lernorte Kindergarten und Schule scheint in Deutschland allerdings noch nicht sehr verbreitet. Auch die systematische Etablierung von gemeinwesenorientierter Bildung, die Schulen und lokale Einheiten wie Gemeinden oder Kommunen, konzeptionell verbinden, ist bislang eher die Ausnahme.

Nicht alle in Kommunen umgesetzten Projekte und Maßnahmen zur Verbesserung der gemeinwesenorientierten
Bildung sind Teil eines übergeordneten Programms. Viele Kommunen realisieren auch eigene, in der Kommune
selbst entwickelte Projekte und Maßnahmen. Stärker
noch als Programme sind die in Kommunen durchgeführten Projekte mit einer sehr konkreten Zielsetzung konzi-
piert. Dabei wird angestrebt, die Ziele eines bestimmten
Projektes oder einer bestimmten Maßnahme so eindeu-
tig zu definieren, dass das Erreichen dieser Ziele nach Abschluss des Projektes oder der Maßnahme anschließend
auch überprüft werden kann. Diese Validierbarkeit der
Effizienz kommunaler Projekte und Maßnahmen ist in
der Regel eine entscheidende Voraussetzung für die Be-
willigung der zu ihrer Umsetzung erforderlichen finanziellen Mittel. Projekte und Maßnahmen, deren Qualität
nicht anhand vorher festgelegter Kriterien überprüfbar
ist, die also Ziele verfolgen, deren Erreichen sich nicht
mit objektiven Verfahren messen lässt, werden deshalb
auch kaum noch durchgeführt.

Diese Qualitätskontrolle ist wichtig und notwendig, sie
wird allerdings auch allzu leicht zu einem Problem. Und
zwar immer dann, wenn zur Validierung der Effizienz
eines Projektes oder einer Maßnahme Zielparameter untersucht und statistisch ausgewertet werden, die zwar
leicht erfassbar und messbar sind, die aber wenig Auf-
schluss über die tatsächliche Wirkung des betreffenden

Projektes oder der durchgeführten Maßnahme geben. Man kann ja nur das messen, was mithilfe gängiger Verfahren messbar ist.

So lassen sich die von den Schülern erreichten Zensuren oder Abschlüsse beispielsweise benutzen, um nachzuweisen, dass sich die Aneignung des in der Schule vermittelten Wissens durch bestimmte Maßnahmen verbessert hat. Auch die Häufigkeit von Schlägereien kann man messen, um den Einfluss eines bestimmten Projekts auf das Sozialverhalten der Kinder und Jugendlichen zu dokumentieren. Oder die Menge weggeworfenen Mülls, um herauszufinden, ob eine Maßnahme zur Müllvermeidung nachweisbar gefruchtet hat.

Auf den ersten Blick scheint das Ziel ja auch tatsächlich erreicht, wenn die Schulnoten besser, die Schlägereien seltener und der herumliegende Abfall weniger geworden ist. Aber war es das, worauf es bei der Durchführung des entsprechenden Projektes wirklich ankam? Das Lernverhalten, das Sozialverhalten und jedes andere Verhalten, das man messen und quantifizieren kann, ist ja, wie uns die Erkenntnisse der Neurobiologen zeigen, immer Ausdruck einer diesem Verhalten zugrunde liegenden und das jeweilige Verhalten lenkenden und bestimmenden inneren Haltung. Es ist relativ leicht, andere Menschen und erst recht Kinder und Jugendliche durch entsprechende Anreize dazu zu bringen, sich anders als bisher zu verhalten. Wenn diese Anreize, also die in Aussicht gestellten Belohnungen oder die angedrohten Sanktionen, stark genug sind, verhalten sich die betreffenden Schüler dann meist sogar so, wie man es sich wünscht und erwartet. Die durch Abrichtungs- und Dressurmethoden erzielten Effekte lassen sich dann auch leicht messen, quantifizieren und statistisch auswerten. Aber ist das, was man da gemessen hat, auch tatsächlich das, worauf es ankommt? Ist das nach Abschluss eines solchen Projekts nachgewiesene veränderte Verhalten auch wirklich Ausdruck einer veränderten inneren Haltung, einer anderen Einstellung? Oder ist das, was hier an »Verbesserungen« und »Effekten« beobachtet und quantifiziert wurde, doch nur das Ergebnis von »Dressureffekten«, die im Rahmen des betreffenden Projektes oder einer bestimmten Maßnahme erzeugt worden sind? Was steckt dahinter, wenn Kinder und Jugendliche weniger Schlägereien anzetteln, weniger Müll wegwerfen oder ihre Hausaufgaben erledigen? Möglicherweise sind es nur die erwarteten Belohnungen, die Kinder und Jugendliche dazu bringen, etwas für die Schule zu tun, anderen zu helfen, sich im Zusammenleben mit anderen so zu verhalten, wie man sich das wünscht.

Wenn sich die betreffenden Kinder und Jugendlichen im Anschluss an ein Projekt so verhalten, wie es von ihnen erwartet wird und wie es angestrebt worden ist, so heißt das eben nicht, dass sich nun auch ihre innere Einstellung, ihre Haltung entsprechend verändert hätten. Aber genau diese müssten sich wirklich verändern, damit das erwünschte, für das Zusammenleben in der Kommune günstige Verhalten auch stabil und nachhaltig bleibt.

Die dieses Verhalten steuernden Haltungen und inneren Einstellungen aber kann man nicht messen. Und das ist das grundsätzliche Problem aller in einer Kommune für Kinder und Jugendliche durchgeführten Projekte und Maßnahmen: Das, was sie bewirken sollen, lässt sich nur schwer messen, und das, was sich leicht messen lässt, ist meist nicht das, worauf es ankommt.

Community Education als neue Lern- und Beziehungskultur

Ungünstige innere Einstellungen und Haltungen, so die Erkenntnis der Neurobiologie, entstehen durch ungünstige Erfahrungen, die ein Kind beim Heranwachsen innerhalb seiner Familie, in einer Peergroup, in der Schule und nicht zuletzt im Zusammenleben mit anderen Menschen in seiner Kommune macht. Diese ungünstigen Erfahrungen werden in Form gekoppelter neuronaler Netzwerke im Frontalhirn verankert. Sie bestehen aus kognitiven Anteilen, die abgerufen werden können, um zu beschreiben, was im Einzelnen passiert ist. Und sie sind untrennbar verbunden mit emotionalen Anteilen, die es dem Kind ermöglichen, zu beschreiben, wie es ihm in dieser Situation, als es diese ungünstige Erfahrung machen musste, gegangen ist, was es dabei empfunden, wie es sich dabei gefühlt hat. Ungünstige Erfahrungen machen Kinder und Jugendliche immer dann, wenn sie in eine Situation geraten, in der sie entweder erleben müssen, dass sie so, wie sie sind, nicht gemocht werden, nicht dazugehören dürfen, aus einer Gemeinschaft ausgeschlossen werden. Wenn sie also im wahrsten Sinn zu Objekten irgendwelcher Maßnahmen gemacht werden. Das verletzt ihr Grundbedürfnis nach Verbundenheit, und das tut nicht einfach nur weh, sondern das führt dazu, dass in ihrem Gehirn die gleichen neuronalen Netzwerke aktiviert werden, die auch immer dann aktiviert werden, wenn sie körperliche Schmerzen erleiden. Als Objekt behandelt, nicht gesehen zu werden, nicht dazugehören zu dürfen, ist also auch und vor allem für Kinder eine äußerst schmerzvolle Erfahrung. Genauso schmerzhaft ist es, wenn ein Kind spüren muss, dass ihm nichts zugetraut und ihm keine Gelegenheit geboten wird, zu zeigen, was es kann. Je häufiger ein Kind die eine oder andere Erfahrung machen muss, desto stärker verfestigt sich in seinem Frontalhirn die innere Einstellung und Haltung, dass es so, wie es ist, nicht gemocht wird und dass es mit all dem, was es schon weiß und kann, nicht gesehen, nicht wertgeschätzt wird. Es beginnt dann, zunehmend an sich selbst zu zweifeln, hält sich für einen Versager, der nicht dazugehört und nicht in die Welt passt, in die es hineinwächst.

Den damit einhergehenden Schmerz kann es dann nur noch zu unterdrücken versuchen. Am leichtesten gelingt das mithilfe von Ersatzbefriedigungen: Weil dem Kind nicht das geboten und ermöglicht wird, was es braucht, nimmt es fortan alles, was es kriegen, was es sich beschaffen kann. Oder es versucht, den Schmerz, den es immer dann empfindet, wenn es nicht dazugehören darf oder wenn ihm keine Gelegenheit geboten wird, zu zeigen, was es kann, irgendwie in sich selbst zu unterdrücken. Wenn ihm das gelingt, tut es nicht mehr so weh, aber dann spürt dieses Kind oder später der Jugendliche und schließlich der Erwachsene sich selbst eben auch nicht mehr. Denn dann haben sich Verschaltungen im eigenen Hirn herausgeformt, die dazu führen, dass die aus dem eigenen Körper ankommenden Signalmuster für körperliche Schmerzen nicht mehr wahrgenommen werden können.

Die innere Einstellung, die Haltung, die die betreffenden Kinder dann entwickeln, ist in mehrfacher Hinsicht ungünstig. Sie drückt sich aus in einer Beziehungsstörung. Solche Kinder und Jugendlichen sind mit sich selbst in keiner guten Beziehung, fühlen sich also nicht wohl in ihrer »eigenen Haut«. Und weil sie keine gute Beziehung zu sich selbst entwickeln konnten, sind sie auch nicht in der Lage, eine konstruktive Beziehung zu anderen Personen aufzubauen. Sie sind »Störenfriede« des Zusammenlebens in der Familie, in der Schule und in der Kommune. Sie verhalten sich destruktiv, verantwortungslos und egozentrisch. Denn eine ungünstige innere Einstellung zu sich selbst und zu den anderen äußert sich zwangsläufig auch in entsprechenden, für das Zusammenleben mit anderen ungünstigen Verhaltensweisen. Da die inneren Einstellungen und Haltungen aber ja nur das Resultat ungünstiger Erfahrungen darstellen, die als gekoppelte kognitive Netzwerke in ihrem Hirn verankert worden sind, lassen sie sich weder durch kognitive Maßnahmen (Aufklärung, Belehrung, gute Ratschläge etc.) noch durch emotionale Maßnahmen (Küssen und Umarmen) verändern. Deshalb versagen auch alle Programme, Projekte und Maßnahmen, die auf eine Veränderung des Verhaltens von Kindern und Jugendlichen in ihrer Kommune abzielen, indem sie die Kinder und Jugendlichen »verhätscheln« oder durch Belohnungen oder Bestrafungen emotional zu erreichen versuchen. Und deshalb sind ebenso alle Maßnahmen, die auf »Aufklärung« und kognitive Appelle und Belehrungen angelegt sind, von vornherein zum Scheitern verurteilt. Das Einzige, was Kindern und Jugendlichen helfen könnte, ihre bisher durch ungünstige Erfahrungen herausgebildeten ungünstigen inneren

Einstellungen und Haltungen zu verändern, ist die Gelegenheit, eine andere, eine günstigere Erfahrung machen zu können: mit sich selbst, mit anderen Menschen, in ihrer Familie, ihrer Peergroup oder eben innerhalb ihrer Kommune.

Aber dazu kann man sie nicht zwingen. Dazu kann man sie im Rahmen geeigneter Programme, Projekte oder Maßnahmen nur einladen, ermutigen und inspirieren. Die in eine Kommune hineinwachsenden Kinder und Jugendlichen müssten sich eingeladen und ermutigt fühlen, eine neue, eine positivere Erfahrung mit sich selbst, mit anderen Menschen und mit ihren eigenen Möglichkeiten zur Entdeckung und Gestaltung ihrer jeweiligen Lebenswelt machen zu wollen.

Das ist das Geheimnis des Gelingens aller gemeinwesenorientierten Bildungs- und Erziehungsprogramme: nicht machen, sondern machen lassen, nicht vorgeben oder gar vorschreiben, sondern finden lassen, nicht durchführen, sondern ermöglichen.

Aber wer Kinder und Jugendliche einladen will, darf sie freilich nicht zu Objekten seiner Maßnahmen machen, dürfte sie also nicht »bilden« und »erziehen« wollen. Wer Kinder und Jugendliche einladen will, sich auf etwas Neues einzulassen, der müsste ihnen auf Augenhöhe begegnen, sie als kompetente Partner betrachten und ihnen etwas zutrauen. Der müsste auch davon überzeugt sein, dass eine einmal durch ungünstige Erfahrungen entstandene innere Einstellung und Haltung veränderbar ist. Man kann einen jungen Menschen nicht ermutigen, sich selbst noch einmal etwas zuzutrauen, wenn man nicht fest daran glaubt, dass eine solche Veränderung auch wirklich möglich ist, dass in jedem jungen Menschen etwas angelegt ist, was sich noch entfalten kann. Nur wer davon überzeugt ist, dass jedes Kind mit besonderen Talenten und Begabungen zur Welt kommt, die jederzeit wiederentdeckt und wiedererweckt werden können, wenn sie durch ungünstige Erfahrungen verschüttet worden sind, kann Kinder und Jugendliche dazu ermutigen, herauszufinden, wozu sie in Wirklichkeit in der Lage sind.

Diejenigen Kinder und Jugendlichen, die sich später kaum noch einladen und ermutigen lassen wollen, die sich also verweigern, müsste man inspirieren. Ihnen müsste man etwas anbieten, was sie wirklich begeistert. Und das sind Aufgaben, an denen sie wachsen können, und Gemeinschaften, in denen sie sich anerkannt und geborgen fühlen, für die sie Bedeutung besitzen.

So einfach ist das. Wer das kann, wäre ein »Supportive Leader«, wäre jemand, der Kinder und Jugendliche einlädt, ermutigt und inspiriert, sich aufzumachen und ihre angeborene Entdeckerfreude, ihre Offenheit und ihre Gestaltungslust wiederzuentdecken, in praktisches Tun umzusetzen und die in ihnen angelegten Potenziale zu entfalten. Eltern müssten solche Potenzialentfaltungs-Coachs sein. Falls sie dazu nicht in der Lage sind, dann müssten die ErzieherInnen in den Kindergärten und die LehrerInnen in den Schulen diese Aufgabe übernehmen. Und wenn sich die in eine Kommune hineinwachsenden Kinder weder in der eigenen Familie noch im Kindergarten oder in der Schule eingeladen, ermutigt und inspiriert fühlen, die in ihnen angelegten vielseitigen Begabungen und Talente zur Entfaltung zu bringen, wer könnte diese Aufgabe in einer Kommune dann noch übernehmen?

Der Jugendpfleger? Der Fußballtrainer? Der Leiter der Freiwilligen Feuerwehr? Der Bürgermeister oder ein Pfarrer? Der Vorsitzende des Heimatvereins? Wer von all den vielen Bürgern einer Kommune wäre dafür geeignet? Wer könnte sich in einer Kommune berufen fühlen, diese Aufgabe zu übernehmen?

Die Antwort ist einfach: jeder! Jedes erwachsene Mitglied einer Kommune kann zu einem Potenzialentfaltungs-Coach für die in seine Kommune hineinwachsenden Kinder und Jugendlichen werden. Ab sofort. Jedenfalls dann, wenn er oder sie das will. Eine besondere Qualifikation braucht man dafür nicht. Um Kinder und Jugendliche in einem Dorf oder in einem Stadtteil oder auch nur aus der Nachbarschaft einzuladen, zu ermutigen und zu inspirieren, sich auf den Weg zu machen, um zu entdecken, was es für sie in ihrer Kommune alles gemeinsam zu gestalten gibt oder um was sie sich alles kümmern können, braucht man keine besondere Ausbildung. Man müsste es nur wollen und Freude daran haben, jungen Menschen dabei zu helfen, herauszufinden und zu erleben, was in ihnen steckt, wozu sie tatsächlich in der Lage sind. Wieder geht es nicht um deren Erziehung oder Bildung, sondern um Zutrauen: nicht von oben herab, sondern auf Augenhöhe. Es gilt, sie nicht nach ihren Defiziten zu bewerten, sondern ihre Stärken zu finden. Es gilt, ihnen das Gefühl zu vermitteln, dass sie wichtig sind, dass sie gebraucht werden, dass sie dazugehören, egal, wie alt sie sind und was sie schon alles können und wissen. Es müsste einem egal sein, was für ungünstige Erfahrungen ein Kind oder ein Jugendlicher bereits gemacht und was für ungünstige innere Einstellungen und Haltungen er oder sie deshalb bereits herausgebildet hat. Man müsste jedem Kind und jedem Jugendlichen unvoreingenommen und frei von Vorurteilen begegnen können. So einfach wäre das. Aber wie schwer fällt das gegenwärtig noch den meisten Erwachsenen?

Wie viele verstecken sich hinter dem Argument, das seien doch schließlich nicht ihre Kinder, oder sie hätten dafür keine Zeit, oder sie kämen an die Kinder und Jugendlichen nicht heran, oder dafür seien andere zuständig?

Auch für solcherlei Einwände gibt es eine sehr einfache Erklärung: Sie sind Ausdruck einer von diesen Erwachsenen entwickelten ungünstigen inneren Einstellung und Haltung. Und wodurch ist die entstanden? Durch ungünstige Erfahrungen, die sie selbst beim Heranwachsen und im Zusammenleben mit anderen Mitgliedern ihrer Kommune gemacht haben oder die sie von anderen Menschen, die ihnen wichtig waren, übernommen und in ihrem Frontalhirn in Form bestimmter Verschaltungsmuster verankert haben. Weil sie selbst nicht so gesehen worden sind, wie sie waren, weil sie selbst auch immer nur erzogen und unterrichtet wurden, weil sie selbst auch nie so richtig dazugehören durften und weil ihnen selbst auch niemand Gelegenheit geboten hatte, zu zeigen, was in ihnen steckt, hat sich in ihrem Hirn die Überzeugung verfestigt, dass jeder selbst sehen müsse, wie er im Leben klarkommt. Dass jeder »seines eigenen Glückes Schmied« sei. Dass man sich um andere, gar um die Kinder anderer Leute, nicht zu kümmern braucht. Dass man das ja auch gar nicht darf, weil dafür ja schließlich andere Leute, die Eltern, die ErzieherInnen, die LehrerInnen, die SozialarbeiterInnen oder die TherapeutInnen, zuständig sind.

Wenn sich also die erwachsenen Mitglieder einer Kommune nicht um die in diese Gemeinschaft hineinwachsenden Kinder und Jugendlichen kümmern, so liegt das nicht daran, dass sie dazu nicht in der Lage wären. Jeder kann ein Kind oder einen Jugendlichen einladen, ermutigen oder inspirieren, die in ihm angelegten Potenziale zu entfalten, wenn er oder sie das wirklich will. Dafür bedarf es ja oft nur eines wertschätzenden Blickes oder einer ermutigenden Geste, eines entsprechenden Zurufes im Vorbeigehen.

Wenn sich aber so viele erwachsene Mitglieder einer Kommune selbst dazu nicht bereitfinden, so liegt das nicht an ihrer mangelnden Fähigkeit, sondern an ihrer mangelnden Bereitschaft, sich um diese Kinder und Jugendlichen zu kümmern. Und diese mangelnde Bereitschaft ist wiederum Ausdruck ihrer durch ihre eigenen ungünstigen Erfahrungen entstandenen inneren Einstellungen und festen Überzeugungen.

Aber auch hier gilt: Solche einmal entstandenen und im Frontalhirn verankerten inneren Einstellungen und Haltungen sind veränderbar – auch noch bei Erwachsenen. Allerdings nicht durch gute Ratschläge oder gut gemeinte Aufforderungen und Belehrungen, auch nicht durch das Versprechen von Belohnungen oder die Androhung negativer Konsequenzen. Was die Veränderung ungünstiger innerer Einstellungen ermöglicht, sind auch hier neue, günstigere Erfahrungen. Eine neue, günstigere Erfahrung machen zu wollen, lässt sich freilich nicht erzwingen. Auch die erwachsenen Mitglieder einer Kommune können dazu nur eingeladen, ermutigt und inspiriert werden. Genau das aber lässt sich nicht durch auf bestimmte Ziele fokussierte Programme, Projekte oder Maßnahmen erreichen, sondern nur durch die Schaffung günstigerer Bedingungen für die Herausbildung einer anderen, einer für alle Mitglieder einer Kommune günstigeren Art des Umgangs miteinander, einer von gegenseitiger Wertschätzung geprägten Beziehungskultur.

Was zukunftsfähige Kommunen also brauchen, ist ein Kulturwandel, der die bisherige Art des Zusammenlebens grundsätzlich verändert: Immer mehr Mitglieder der Kommune müssten spüren, dass sie mit allen anderen auf eine tiefere Art und Weise verbunden sind, als das bisher von ihnen erlebt worden ist. Sie müssten wieder spüren, dass jedes Mitglied ihrer Kommune mit seinen besonderen Erfahrungen, seinem Wissen und seinen Fähigkeiten dazugehört und gebraucht wird, um dieses Zusammenleben zu gestalten. Und zwar so, dass die in jeder Kommune vorhandenen Entwicklungspotenziale endlich zur Entfaltung kommen können. Dass nicht nur jedes einzelne Mitglied der betreffenden Kommune wieder Lust darauf bekommt, sich einzubringen und seine Möglichkeiten für eine engere Weiterentwicklung zu entdecken, sondern sich alle gemeinsam darum bemühen, ihre Kommune zu einem lebendigen Ort des Voneinander-Lernens und Miteinander-Gestaltens der dort vorhandenen Möglichkeiten werden zu lassen.

Ein solcher Wandel, eine derartige Transformation der bisher in einer Kommune herrschenden Beziehungskultur lässt sich nicht durch bestimmte Maßnahmen, Projekte oder Programme herbeiführen. Man kann ihn nicht »machen«, aber man kann günstige Rahmenbedingungen dafür schaffen, dass er in Gang kommt. Dass er sich ereignet. Dass er in einer Kommune gelingt. Manche dieser Rahmenbedingungen müssen auch gar nicht geschaffen werden. Sie sind bereits vorhanden, man muss sie nur entdecken und sich bewusst machen. Und sie weiterentwickeln.

Wer sich mit offenen Augen in unserer gegenwärtigen Welt umschaut, wird schnell bemerken, dass sich nicht nur in Kommunen, sondern auch in allen anderen Bereichen unseres Zusammenlebens – in Schulen, in Unternehmen und Organisationen, sogar in Kirchen und in der Politik – Beziehungsmuster in Form von starren Verwaltungsstrukturen herausgebildet haben, die überall dazu führen, dass als dringend notwendig empfundene Veränderungsprozesse nicht in Gang kommen.

Diese Verwaltungsstrukturen haben sich deshalb herausgebildet, weil sie sich damals, als sie entstanden sind oder geschaffen wurden, als geeignete Instrumente bewährt hatten, um das Zusammenleben und Zusammenwirken der Menschen so zu organisieren, dass die jeweiligen Aufgaben und Ziele auch umgesetzt werden konnten.

Sie waren notwendig, um beispielsweise Erziehungs- und Bildungseinrichtungen, Krankenhäuser und Seniorenheime, Unternehmen, Parteien, kirchliche Einrichtungen und natürlich auch Kommunen in die Lage zu versetzen, das, wozu sie da waren, auch zu leisten. Je klarer die Regeln, je straffer die Vorschriften und je strukturierter die Organisation und das Controlling dieser Institutionen waren, desto besser fielen die Ergebnisse aus.

Im vorigen Jahrhundert erwiesen sich der Ausbau und die Weiterentwicklung dieser Organisations- und Verwaltungsstrukturen als derart günstig, dass die Nachteile dieser Strategie noch weitgehend übersehen wurden. Jetzt, im 21. Jahrhundert, wird vor allem in den besonders gut durchorganisierten Bereichen unseres Zusammenlebens deutlich, dass die auf diese Weise verwalteten Personen sich immer stärker als Objekte und Opfer jener Strukturen erleben. Je weniger Gestaltungsspielraum ihnen in ihren Arbeits- und Lebensbereichen noch bleibt, desto leichter geben sie die Verantwortung für eine eigenständige Gestaltung ihres Lebens und Arbeitens an die jeweiligen Verwaltungen und Organisationen ab. Damit aber verlieren sie fortschreitend nicht nur die Intention, sondern auch die Fähigkeit, ihr Leben, ihre Bildung, ihre Kommune eigenverantwortlich zu gestalten. Zwangsläufig wächst damit die Notwendigkeit zum weiteren Ausbau der entsprechenden Versorgungs-, Verwaltungs- und

Organisationsstrukturen. So entsteht ein Teufelskreis, der einerseits die Kosten für die Aufrechterhaltung der Strukturen immer weiter in die Höhe treibt und der die hier eingebetteten Personen immer stärker zu Opfern und Abhängigen dieser einmal entstandenen Strukturen macht. Das ganze Gebilde wird zunehmend ineffizient und verbraucht immer mehr Ressourcen.

So funktioniert inzwischen unser Bildungssystem, unser Gesundheitssystem, unser Sozialsystem, so funktionieren auch unsere Unternehmen und Organisationen und nicht zuletzt unsere Kommunen. Und zwar in einer Weise, die unübersehbar macht, dass es so nicht mehr lange weitergehen kann. Überall wird nach Lösungen gesucht. »Change Management« ist in aller Munde, und von entsprechenden Methoden, Maßnahmen, Projekten und Programmen verspricht man sich die entscheidende Hilfe bei der Umsetzung der dringend erforderlichen Veränderungsprozesse. Allerorts wird reformiert und umstrukturiert, kurzfristige Erfolge werden bejubelt und als »Best Practice« ausgezeichnet, aber die von solchen »Verbesserungen« erhofften nachhaltigen Wirkungen bleiben aus. Der Ausstieg aus dem Teufelskreis scheint so nicht zu gelingen. Aus dieser Einsicht heraus suchen gegenwärtig immer mehr Einrichtungen und Organisationen nach wirklich innovativen Lösungen. Und die Ersten, die solche Strategien umzusetzen versuchen, sind diejenigen, die den wachsenden Verwaltungs- und Controlling-Aufwand und die schwindende Gestaltungslust ihrer Mitarbeiter am schmerzlichsten zu spüren bekommen und deren Überleben unmittelbar davon bedroht ist: nicht die Kommunen, auch nicht die Bildungs-, Gesundheits- oder Sozialeinrichtungen, sondern global operierende Wirtschaftsunternehmen.

Nicht alle, aber immer mehr. Und was sie versuchen und was manchen von ihnen auch gelingt, ist eine Transformation der bisherigen Arbeits- und Beziehungskultur in ihren Betrieben: eine grundsätzliche Veränderung des bisherigen »Betriebsklimas«, ein Kulturwandel, der alle Bereiche des Unternehmens erfasst, der von allen Mitarbeitern getragen und eigenverantwortlich gestaltet wird.

Wie ein solcher Kulturwandel entstehen kann, ist unter *www.kulturwandel.org* exemplarisch dargestellt. Hier ist nachzulesen, welche Rahmenbedingungen in einem Unternehmen geschaffen werden können und auf welch unterschiedliche Weise und vor allem, zu welchen beeindruckenden Effekten und nicht zuletzt auch wirtschaftlichen Erfolgen ein solcher Kulturwandel in Unternehmen und Organisationen führen kann. Es geht also. Aber grundsätzlich anders als bisher. Nicht durch Reformen der bestehenden Strukturen, sondern durch eine Transformation der bisherigen Beziehungskultur.

Und es geht nicht nur in Unternehmen und Organisationen, es funktioniert auch in Schulen. Inmitten der von kultusministeriellen Vorgaben und landesbehördlichen Verordnungen bestimmten Schul- und Unterrichtsbedingungen haben sich die ersten Schulen auf den Weg gemacht und eine für alle Beteiligten und vor allem für das Lernen und die Persönlichkeitsentwicklung der Schüler günstige Lern- und Beziehungskultur aufgebaut. Die Ergebnisse sind beeindruckend, manche dieser Schulen sind dafür mit dem Deutschen Schulpreis ausgezeichnet worden. Immer mehr Schulen lassen sich davon anstecken und schließen sich der Initiative *www.schule-im-aufbruch.de* an.

Und wem das noch nicht reicht: Auch bei der Betreuung und Begleitung älterer Menschen beginnt sich eine neue Beziehungskultur durchzusetzen. So haben beispielsweise die Träger von Seniorenheimen inzwischen erkannt, dass ihre Klienten immer unselbstständiger werden, je effektiver die Pflege- und Betreuungsmaßnahmen in ihren Einrichtungen verwaltungstechnisch vorgegeben und strukturiert werden. Der Pflege- und Betreuungsaufwand, und damit die Kosten, steigt deshalb immer weiter an. Um diese Spirale zu durchbrechen, wird inzwischen eine völlig neue Strategie verfolgt: Mitten in der Kommune werden Häuser und Wohnungen geschaffen, in denen die Seniorinnen und Senioren in Wohn- und Hausgemeinschaften zusammenleben, die von Pflegekräften begleitet werden. Im Rahmen ihrer Möglichkeiten beteiligen sich die älteren Menschen an der gemeinsamen Gestaltung ihres Zusammenlebens. Wer kann, hilft beim Kochen und bei der Zubereitung der Mahlzeiten, liest im Kindergarten vor, singt und musiziert miteinander, erledigt Einkäufe und kümmert sich, wo Not am Mann ist. Jede und jeder entdeckt auf diese Weise, was sie oder er noch alles kann, ein jeder trägt auf seine Weise und im Rahmen seiner Möglichkeiten zum Gelingen des Zusammenlebens bei. Zwangsläufig geht so der Betreuungsaufwand zurück, ebenso wie die Arztbesuche und der Medikamentenverbrauch. Es entsteht eine für alle Beteiligten günstigere Beziehungskultur. Das Ganze kostet nur noch halb so viel, und die Seniorinnen und Senioren fühlen sich doppelt so wohl wie vorher im »Altenheim«.

Was diese Beispiele aus Unternehmen, Schulen und Seniorenheimen zeigen, ist nicht nur, dass es in unterschiedlichen Bereichen unseres Zusammenlebens möglich ist, eine neue, eine günstigere Beziehungskultur aufzubauen. Diese Beispiele sind auch Ausdruck eines jetzt, im 21. Jahrhundert, in unserem Kulturkreis in Gang kommenden und sich immer stärker ausbreitenden Trends: weg von tradierten, durch Vorschriften und Verwaltungsmaßnahmen organisierten Formen des Zusammenlebens der Menschen hin zu einer selbstbestimmten und eigenverantwortlichen Gestaltung ihres Lebens und ihrer Beziehungen.

Dieser Trend zu einer anderen, für unser Zusammenleben, unsere Gesundheit, unser Wohlbefinden günstigeren Beziehungskultur und der Entfaltung der in jedem Menschen angelegten Potenziale wird sich in den nächsten Jahren fortsetzen, sich noch weiter verstärken und alle Bereiche unseres Zusammenlebens erfassen. Und in dem Maße, wie dieser Transformationsprozess unserer gegenwärtigen Beziehungskultur um sich greift, wird es auch in den Kommunen immer leichter, ihn im Zusammenleben der Menschen in Städten und Gemeinden umzusetzen.

Das ist die eine günstige Voraussetzung für die Herausbildung dieser neuen Lern- und Beziehungskultur in Kommunen.

Aber es gibt noch eine zweite, mindestens ebenso bedeutsame. Sie beruht auf neuen wissenschaftlichen Erkenntnissen und ist ebenfalls Ausdruck eines tief greifenden Wandels, und zwar eines Wandels unseres bisherigen Verständnisses der Entwicklung lebender Systeme. Eine Kommune ist ein lebendes System, ein Unternehmen auch, ebenso wie eine Schule oder ein Sportverein. Jeder Mensch ist ein lebendes System. Und während man bisher glaubte, dass für die Herausbildung eines lebenden

Systems irgendwelche inneren Programme – ähnlich wie Bauanleitungen oder Verwaltungsstrukturen – verantwortlich sind, beginnt sich seit einigen Jahren innerhalb der sogenannten Life Sciences ein gänzlich anderes, ein neues Verständnis der Strukturierung und Organisation lebender Systeme abzuzeichnen: Alle lebenden Systeme sind intentional. Mit anderen Worten und einfacher ausgedrückt heißt das: Jedes lebende System will etwas, im einfachsten Fall, sich selbst erhalten – und zu diesem Zweck muss es sich, wenn es sterblich ist, reproduzieren.

In einer Welt begrenzter Ressourcen ist jedes lebende System, um dieses Ziel zu erreichen, gezwungen, den Energie- und Ressourcenverbrauch für sein Überleben und seine Reproduktion zu minimieren. Das macht jedes lebende System, indem es sich selbst im Hinblick auf diese Intention so optimal wie möglich selbst organisiert. »Selbstorganisation« ist daher das Geheimnis der Herausbildung aller lebenden Systeme, egal, ob es sich dabei um einzelne Zellen, einen vielzelligen Organismus, einen einzelnen Menschen oder eine menschliche Gemeinschaft handelt. In jedem lebenden System organisieren die Subsysteme dieses Systems, also die einzelnen Zellen eines Organismus beziehungsweise die einzelnen Individuen einer Gemeinschaft, ihre Beziehungen zueinander so, dass genau das, was dieses lebende System will, auch erreicht wird, und zwar mit dem jeweils geringstmöglichen Verbrauch von Energie oder Ressourcen. Dieses neue Verständnis der Strukturierung und Organisation lebender Systeme beginnt sich gegenwärtig in allen Disziplinen der sogenannten Life Sciences auszubreiten, und es gehört nicht allzu viel Fantasie dazu, um vorherzusagen, dass es zum zentralen Paradigma dieser Life Sciences im 21. Jahrhundert wird.

Für die Herausbildung einer neuen, günstigeren Beziehungskultur in Kommunen hat dieser Paradigmenwechsel nur auf den ersten Blick eine eher marginale Bedeutung. Erst bei genauerer Betrachtung werden die Implikationen deutlich, die sich daraus für unser gegenwärtiges Verständnis der Lenkbarkeit und Steuerbarkeit kommunaler Entwicklungsprozesse ergeben: Man kann diese Prozesse nicht von außen durch irgendwelche Maßnahmen, Projekte oder Programme steuern, nicht organisieren. Man kann lediglich bestimmte Voraussetzungen und Rahmenbedingungen dafür schaffen, dass sie sich in der Weise organisieren, wie man sich das wünscht.

Bezogen auf die Herausbildung einer für das Zusammenleben und die Potenzialentfaltung der Mitglieder einer Kommune günstigen Beziehungskultur heißt das: Man muss sie entstehen lassen. Es können auch innerhalb einer Kommune lediglich bestimmte Rahmenbedingungen und Erfahrungsräume geschaffen werden, die es sehr wahrscheinlich machen, dass sich das, was man erhofft, mit hoher Wahrscheinlichkeit auch wirklich herausbildet.

Diese Erkenntnis ist – so banal sie klingt – die größte Herausforderung, mit der alle von der Machbarkeit und der Notwendigkeit gezielter Maßnahmen zum Erreichen bestimmter Veränderungsprozesse überzeugten Mitglieder einer menschlichen Gemeinschaft jemals konfrontiert werden können. Ihnen fällt es extrem schwer, sich vorzustellen, dass sie das, was sie erreichen wollen, nicht durch irgendwelche Maßnahmen hervorbringen können.

In vielen unterschiedlichen Bereichen unserer Gesellschaft erleben wir gegenwärtig, wie dieses neue Paradigma unsere bisherigen Vorstellungen der Strukturierung und Organisation lebender Systeme grundlegend verändert und zu einem neuen Verständnis und zu innovativen Ansätzen für gewünschte Veränderungsprozesse führt. Am interessantesten sind vielleicht die jüngeren Entwicklungen im Bereich der Medizin: Kein Arzt kann einen kranken Menschen heilen, er kann lediglich mit all seiner medizinischen Kompetenz dazu beitragen, dass das, was er sich wünscht, auch wirklich geschieht: dass der gebrochene Knochen möglichst günstig wieder zusammenwächst, dass der erkrankte Patient wieder gesund wird. Heilung ist immer Selbstheilung, also eine Form von Selbstorganisation, für deren günstigen Verlauf der Arzt lediglich möglichst günstige Rahmenbedingungen und Voraussetzungen schaffen kann.

Das Gleiche gilt im Bereich von Erziehung und Bildung. Niemand kann Kinder nach seinen Vorstellungen erziehen oder bilden. Es können lediglich möglichst günstige Voraussetzungen dafür geschaffen werden, dass sich ein Kind all das Wissen und all die Fähigkeiten und Fertigkeiten aneignen will, die man für notwendig hält, damit es sich später in der Welt, in die es hineinwächst, so gut wie möglich zurechtfindet und in der Lage ist, sein eigenes Leben so gut wie möglich selbst zu gestalten.

Und für eine Kommune heißt das: Das Zusammenleben und Zusammenwirken der dort beheimateten Menschen lässt sich nicht durch Vorschriften und Verwaltungsmaßnahmen organisieren oder gar optimieren. Die für die kommunale Entwicklung verantwortlichen Personen können nur geeignete Voraussetzungen und Rahmenbedingungen dafür schaffen, dass die Mitglieder der betreffenden Kommune ihre Beziehungen so gestalten, dass sie ihr Zusammenleben als bereichernd empfinden, dass sie aufeinander zugehen statt sich voneinander abzugrenzen, dass es ihnen Freude macht, an der Weiterentwicklung des kommunalen Lebens mitzuwirken. Dass ihnen die zukünftige Entwicklung ihrer Kommune am Herzen liegt, und nicht zuletzt, dass es ihnen ein tiefes inneres Bedürfnis ist, den in ihre Kommune hineinwachsenden Kindern und Jugendlichen die Erfahrung zu ermöglichen, dass sie mit ihren jeweiligen Begabungen und Talenten der eigentliche Schatz dieser Kommune sind, den es zu entdecken und zu entfalten gilt. Eine Kommune, in der das gelingt, verfügt über kommunale Intelligenz.